내가 만난 길고양이들 1

다봉이와 새롬이, 까미와 얼룩이

윤진희 지음

도서출판 밀림북
millimbook.com

들어가면서

아미동 부산대학교병원 옆 골목, 구덕로 185번길.
이 오래된 골목에서 길고양이 다봉이를 만났다.
다봉이를 만나지 않았다면
나는 내 주변에 그렇게 많은 길고양이들이
하루하루를 살아내고 있는지 몰랐을 것이다.
지금 나와 살고 있는 새롬이와 까미
그리고 얼룩이의 삶도 달라졌을 것이다.
변화와 정체가 공존하는 이 골목에서
가장 많이 맞닥뜨렸던 것이
길고양이라는 것을 모르고.

길고양이들에게도 희로애락이 있다.
저 나름의 사정이 있고,
가족이나 동무들의 지지를 등에 업고
적대감을 온몸으로 부닥치며
하루하루를 절박하게 살아내고 있다.
이런 삶이 우리와 다를 게 무얼까.

이 책은
길고양이 다봉이를 시작으로
새롬이와 까미 그리고 얼룩이를 만나
서툴지만, 함께 생활하면서 보낸 지금까지의 기록이다.
그들과 교감하고 동행하며 지내온 지난 시간들이
길고양이에 대한 호불호가 아니라
함께 살아가는 존재라는 것을 인정하는 동기가 되길 바라본다.

그러니까 이 이야기는
아미동 부산대학교병원 옆 골목 끄트머리에 위치한
어느 서점에서부터 시작된다.

🐾 CONTENTS

 **CONTENTS**

제2부 까미와 얼룩이

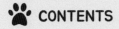 CONTENTS

제 3부 다봉이와 새롬이, 까미와 얼룩이

 CONTENTS

골목 지도

집고양이

다봉이

성별: 수컷
특징: 산책을 즐기는 산책냥이.
처음보는 동료들에게도 항상 배려
할 정도로 착하고 순하다.

새롬이

성별: 암컷
특징: 애교 많고 대답을 잘한다.
샘이 많아 까칠하기도 하다.

까미

성별: 암컷
특징: 영리하고 조용한 성격.
(새롬이가 얼룩이만
건들지 않으면.)

얼룩이

성별: 암컷
특징: 어릴적 형제의 사고를 본 후
겁이 많고 경계가 심하다.

서점 고양이

행순이

성별: 수컷
특징: 쥐놀이를 하자고 보채며
　　　동네를 휘젓고 다니는 놀고잡이.
　　　사교성이 좋아 친구가 많다.

노랭이

성별: 수컷
특징: 유순하고 애교많은 성격이지만
　　　싸우면 절대 지지 않는 골목대장.
　　　행순이의 절친.

반쪽이

성별: 암컷
특징: 몸이아프면 찾아오고
　　　치료해주면 나가버리는 반쪽이

이웃 고양이

대식이

성별: 수컷
특징: 골목을 휘어잡던 대장.
　　　지금은 하늘나라에 있다

명수

성별: 수컷
특징: 교통사고로 겨우 살아났지만
　　　지금은 누구보다 건강하다.

아롱이

성별: 암컷
특징: 새끼 때 마당에 앉아있다
　　　우연히 집안으로 들어가
　　　구조되었다.

행운이

성별: 수컷
특징: 태풍 차바가 오기 며칠 전
　　　구조된 운이 좋은 냥이.

오월이

성별: 수컷
특징: 새끼 때 서점 2층에서
　　　공부를 많이 해 영리하다.

제 1부

다봉이와 새롬이

다봉아,
안녕

2012년 봄, 길고양이 다봉이를 만났다.

외근을 갔다 돌아온 길이었다. 1층 서점 구석에 앉아 밖을 골똘히 보고 있던 고양이 한 마리가 눈에 들어왔다. 등에 옅은 갈색털이 있는 하얀 고양이였다. 고양이라니? 나는 어안이 벙벙해 서점에 들어가지도 못하고 우뚝 서버렸다. 제 자리인 것처럼 무심히 앉아 있는 녀석의 모습이 생경했다. 고양이도 나를 봤다. 얌전히 앉아 쉬고 있던 고양이는 나를 발견하자마자 부리나케 밖으로 도망쳐 버렸다. 순간적으로 미안한 마음이 들어 나가봤지만 이미 자취를 감춘 뒤였다. 서늘한 겨울바람이 하얗게 핀 목련을 휘감고 있는, 어정쩡한 봄날이었다.

유달리 봄맛이 없는 골목이었다. 대학병원 앞 골목 초입에 있는 붕어빵은 여전히 성행 중이었고, 식당을 찾은 손님들은 따끈한 국물로 잃어버린 온기를 찾으려 했다. 길고양이라고 해서 사정이 다를 리 없었다. 배고픈 길고양이들은 최소한의 움직임으로 배고픔을 해결하려 했다. 그 녀석들의 최종 도착지는 대부분 '석정'이라는 식당이었다. 그 앞을 얼쩡거리면 먹을 것을 내주는 주인의 인심 때문이었다. 그렇다고

위에서부터 다봉이와 새롬이

매번 얻어먹을 수 있는 것은 아니었다. 길고양이었다가 이제는 식당고양이가 된 대식이 때문이었다. 대식이는 식당 앞을 기웃거리는 길고양이들을 참을 수 없어했다. 불과 몇 년 전만해도 같은 처지였던 것을 까맣게 잊은 모양이었다. 제 영역을 치열하게 지키려는 대식이에게 길고양이들은 호되게 당하곤 했지만, 돌고 돌아 식당으로 다시 모여들었다. 내가 마주쳤던 고양이는 그렇게 도망을 다니다 서점에서 쉬던 중이었다.

길고양이들의 사정을 알려준 것은 아내였다. 아내는 몇 년 전부터 나를 도와 1층 서점을 총괄하고 있었다. 일주일 전쯤 아내는 서점 앞에 맥없이 엎드려 있는 녀석에게 근처 식당에서 삶은 명태를 얻어줬다고 했다. 아내의 대우가 마음에 들었던지 고양이는 종종 서점에 들어오곤 한다고 했다. 내게도 이런 상황을 귀띔해줬는데, 외근과 출장에 신경 쓰느라 귀담아 들을 여유가 없었다.

"겁이 많은 가봐."

아내가 혼잣말처럼 말했다. 그렇다 해도 어쩐지 서운하고 섭섭했다. 여직원들과 아내가 쓰다듬어주는 것을 좋아한다는데, 나는 왜 보자마자 그렇게 달아난 건지.

고양이의 사정을 짐작하게 된 것은 며칠이 지난 뒤였다. 길고양이만 보면 몽둥이를 드는 남자가 근처에 산다고 했다. 그 남자에게 혼이 난 길고양이가 여럿, 이 고양이도 그중에 속했다. 그 탓에 남자들만 보면 도망가기 바빴던 모양이다. 끔찍하고 경악할 일이었다. 이해할 수 없는 무차별적인 폭력 앞에 노출된 녀석이 안쓰러웠다. 어떻게든 녀석을 보호해주고 싶었다. 안전한 사람도 있다는 것을 알게 해주고 싶었다.

그러기 위해서는 고양이와 친해져야 했다. 나는 녀석을 위해 노력하기로 결심했다. 그 노력이라는 게 다름 아니었다. 기다림이었다.

나는 아내에게 부탁해 고양이가 서점에 오면 알려달라고 했다. 아내의 연락이 오면 나는 최대한 소리를 죽여 1층으로 내려갔다. 내가 문을 열고 들어가면 고양이는 기다렸다는 듯 달아나기 일쑤였다. 고양이 꼬리라도 보게 되면 운이 좋은 날이었다. 그렇지만 나는 쉬이 그만두고 싶지 않았다. 이상하게도 저 고양이가 나를 공포의 대상으로 생각하는 게 싫었다.

때문에 고양이가 나가다말고 멈칫, 나를 바라보던 그 잠깐의 순간이 아직도 생생하다. 하룻밤 새 마법이라도 일어난 것처럼 달아나지 않았다. 다만 나를 응시했다. 불안에 떨면서도 제 스스로도 알 수 없다는 듯 나를 쳐다보고 있었다. 그러다 유유히 서점 밖으로 걸어 나갔다. 고양이가 내게 곁을 주기 시작했다.

그렇다고 해서 금방 고양이와 가까워진 것은 아니었다. 여전히 시간이 필요한 고양이었고, 나는 기꺼이 내어줄 수 있었다. 고양이는 더 이상 나를 보고 달아나지는 않았지만, 경계를 푼 것도 아니었다. 물을 마시다가도 힐끔거리며 나를 돌아봤고, 나는 멀찍이 떨어져 딴청을 부렸다.

그러던 어느 날, 고양이는 내가 있는데도 서점 안을 천천히 돌았다. 그러더니 내 옆에 털썩 주저앉았다. 나는 고양이의 머리와 등을 조심스레 쓰다듬었다. 생각했던 것보다 너무 보드라웠고, 촉감이 좋았다. 녀석도 내 손바닥이 편안했던지 길게 하품을 했다. 드디어 제 옆을 내어준 것이다.

그날 이후 고양이는 매일 찾아왔다. 고양이의 생태에 대해 백지였던 나는 한동안 식당 '석정'에서 주는 삶은 명태를 고양이에게 줬다. 하지만 매번 신세를 질 수는 없는 노릇이었다. 궁리 끝에 고양이 사료를 구입하게 됐다. 며칠 전까지만 해도 고양이 용품은 나와는 아무 상관없는 세상이었다. 그런데 고양이 사료를 사다니. 어색해하면서도 고양이 용품을 검색하는 내가 낯설었다. 하지만 아그작아그작 소리를 내며 먹는 고양이를 보고 있으면 슬며시 웃음이 나왔다.

서점에서 근무하는 내내 고양이와 함께 생활하다보니, 녀석에 대해 조금씩 알아갔다. 가장 마음 쓰였던 것은 눈병이었다. 눈곱이 계속 생기고 눈이 맑지 못했다. 언제부터 앓았는지 알 수 없었다. 흐릿하고 침침한 세상을 바라보고 있다는 게 마음 쓰였다. 그래서 안약을 사서 고양이가 올 때마다 눈에 넣어줬다. 앙칼지게 거부할 법도 하건만, 고양이는 얌전히 내 손을 받아들여줬다. 보면 볼수록 얌전하고 순한 고양이였다.

"다봉이가 여기 있네."

그날도 고양이에게 안약을 넣어주고 있는데, 근처 대학교 학생이 지나가다 말을 던졌다. 그 학생을 붙잡고 고양이에 대해 물었지만, 자세한 건 그도 알지 못했다. 다만 원래 집고양이였는데 병이 들어 버린 거라는 소문만 늘어놓을 뿐.

나는 골목에 쭉 늘어선 원룸 건물들을 바라봤다. 저곳에 살던 누군가가 고양이를 버려둔 것인지, 아니면 다른 어딘가에서 길을 따라 벗어나려 온 것인지 알 수 없었다. 확실한 건 고양이가 누군가에게 버려졌다는 거였다.

"다봉아."

나는 내 옆에 얌전히 앉아 있는 고양이를 불렀다. 고양이가 나를 올려다봤다.

"다봉아."

나는 다봉이의 머리를 쓰다듬으며 다시 고양이의 이름을 불렀다. 다봉이의 눈이 번들거렸다.

그 순간, 나는 다봉이와의 인연이 아주 오랫동안 이어지게 될 거라는 것을 예감했다.

다봉이의
수술

 며칠 동안 보이지 않던 다봉이가 서점에 나타난 것은 늦은 오후였다. 매일 아침 9시가 조금 넘으면 모습을 나타내던 녀석이었다. 길고양이라 그렇지, 하고 괜한 말로 툴툴대다가도 혹시나 싶어 하릴없이 골목 이곳저곳을 기웃거렸다. 부정적인 생각이 자꾸만 내 등을 떠밀었다.

 그렇게 동네를 한 바퀴 돌고 서점에 들어섰을 때, 아내가 서점 구석을 손가락으로 가리켰다. 거기에는 다봉이가 힘없이 앉아 있었다.

 "화장실을 몇 번이나 들락거렸는지 몰라."

 아내가 걱정스레 말했다. 서점에 들어온 다봉이는 오줌을 누지도 못하고 저렇게 맥없이 누워만 있다고 했다. 나는 다봉이 앞에 쭈그리고 앉아 머리와 등을 쓰다듬었다. 평소 같으면 기분이 좋아 갸르릉 소리를 낼 녀석이 꼼짝도 않고 있었다. 사료는 입을 대지도 않았다. 아무래도 몸 상태가 불안했다.

 나는 2층 사무실에 올라 다봉이의 증상을 검색했다. 이런저런 사례들을 살펴보니 아무래도 방광염인 것 같았다. 고양이에게는 치명적이라고 했다. 검진을 받아야 할 것 같았다. 나는 아내와 상의하기 위해 1층 서점으로 내려갔다. 순간 다봉이가 비틀대며 일어서더니 노란 물을 토했다. 앉아 있을 힘도 없이 바들거리며 쓰러지듯 누워버리는 다봉이를 보자 마음이 급해졌다.

"아무래도 다봉이, 병원에 데려가 봐야겠다."

나는 아내와 함께 서둘러 다봉이를 데리고 근처 동물병원으로 갔다.

"수술을 해야겠는데요."

다봉이의 상태를 살펴본 수의사의 입에서 수술, 이라는 단어가 나왔다. 가슴이 덜컥 내려앉았다.

"토하면서 뇌에 손상이 갔을 수 있어요. 사실 수술을 해도 장담할 수는 없습니다만, 이대로 두면 24시간 내에 목숨을 잃을 수 있습니다."

손끝이 바들거리며 떨렸다. 입안에 침이 말랐다. 이름을 처음 불러줬을 때 나를 바라보던 다봉이의 눈동자가 생각났다. 나는 수술까지 드는 비용이 얼마냐 물었다.

"한 100만 원 정도는 생각하셔야 할 것 같습니다."

수의사의 말에 다시 놀랐다. 생각하지도 못한 금액이었다. 힘없이 누워있던 다봉이의 얼굴이 떠올랐다. 이대로 다봉이를 외면하면 평생 후회할 것 같았다. 나는 아내와 어떻게 하면 좋을지 상의했다. 혹여나 다봉이가 잘못되기라도 한다면 마음의 짐으로 남을 것 같았다. 이런 내 생각을 조심스레 말하자 아내 역시 나와 같은 마음이라고 했다.

여러 가지로 사업이 힘든 때였다. 두어 개의 계약을 앞두고 있었지만, 자금 융통이 어려워 자칫하다간 곤란을 겪을 수도 있었다. 아내도 이런 사정을 알았다. 하지만 더 머뭇거릴 시간이 없었다. 나는 솔직하게 수술시키고 싶다고 말했다. 아내가 짐작했다는 듯 바로 말을 이었다.

"그럼 그렇게 해요. 다봉이잖아요."

그래, 다봉이지. 나는 몇 번 반복해 중얼거렸다.

그렇게 다봉이의 수술이 결정됐다. 길고양이 다봉이의 사정을 알게 된 동물병원에서는 수술비를 20% 할인해주기로 했다. 방광염 수술을 위해 다봉이를 입원시키고 돌아오는 그 길이 조금은 홀가분했다. 다행스럽기도 했다, 다봉이가 우리를 믿고 기댈 곳으로 여기고 있었다는 것이.

다봉이는 동물병원에 5일 동안 입원했다. 그 기간 동안 아내와 나는 **틈이 생길 때마다 다봉이를 보러 갔다. 다봉이를 볼 때마다 아내와 나**는 눈물을 참느라 혼이 났다.

다봉이가 입원한 케이지는 생각했던 것보다 좁았다. 수술 부위를 건드리지 않기 위해 머리에 넥카라(깔때기)를 씌웠는데, 움직이기 힘들었던지 가만 누워 있기만 했다. 링거 주사바늘이 꽂혀 있는 발목에 눈이 가닿자 안쓰러운 마음이 더 커졌다.

"다봉아."

내가 조심스럽게 다봉이를 불렀다. 다봉이는 이리저리 움직여 고개를 돌리려 했다. 넥카라 때문에 낑낑대던 녀석은 겨우 나와 눈이 마주쳤다. 내 목소리를 기억하고 있었던 모양이었다. 여기서 나가게 해달라는 다봉이의 눈빛이 애처로웠다.

"조금만 참아라. 다 나으면 데리고 나갈게."

나는 애써 다봉이의 눈을 뿌리치며 말했다. 하지만 온 몸이 오줌으로 흠뻑 젖어 있는 게 눈에 들어왔다. 제대로 관리가 되지 않고 있었다. 길고양이라 더 그런 것일지도 모른다는 생각에 울컥했다. 손이 부족한 병원을 대신해 다봉이를 대신 관리해주고 싶은 마음이 들었다. 제 불편한 상황을 알릴 수 있으면 좋으련만, 그러지 못한다는 게 딱하고 속상했다.

5일 후 마침내 다봉이가 퇴원을 했다. 서점으로 돌아온 다봉이는 언제 아팠냐는 듯 골목 마실을 나섰다. 병원에 가 있느라 뜸했던 골목 길 고양이들과 안부를 나누러 가는 듯했다. 다봉이는 예전의 모습을 찾아갔다. 골목을 이리저리 돌아다니다 배가 고프면 서점으로 와 사료를 먹었고, 다시 길 위로 나서다가 서점 문을 닫을 때쯤이면 인사를 전했다. 하지만 나에게는 아직 책임이 남아 있었다. 약을 먹여야 했기 때문이다.

수술을 했다고 해서 끝난 게 아니었다. 고양이 방광염은 수술을 했더라도 얼마간 약을 먹으며 치료를 계속해야 한다고 했다. 그렇지 않으면 재발할 가능성이 높다고 했다. 꾸준히 약을 챙겨줘야 한다는 수의사의 말에 고개를 끄덕이긴 했지만, 막막하기도 했다. 하루에 2번씩, 물약을 어떻게 줘야 하지?

아내에게서 연락이 오면 나는 서점으로 내려가 다봉이를 불렀다. 녀석은 슬쩍 뒤돌아보면서 야옹, 짧게 아는 체를 하곤 먹는 데 집중했다. 나는 주사기에 물약을 채워 넣으면서 다봉이의 식사가 끝나기를 기다렸다. 배를 채운 다봉이가 바깥을 바라보며 여유를 즐기고 있을 때, 아내가 살며시 다가가 다봉이의 몸을 고정시켰다. 고양이치고는 순한 편이었지만, 그래도 날카로운 이빨을 가진 녀석이었다. 이리저리 몸을 돌리는 녀석의 턱을 잡아 어금니 안쪽 천장에 주사기를 밀어 넣고 녀석을 풀어줬다. 순식간에 몸이 자유로워진 다봉이는 어리둥절하다 입맛을 다시며 밖으로 나가버렸다.

잡고 있는 동안 다봉이가 불편하지 않을까, 이빨이나 발톱에 물리거나 할퀴지 않을까 또는 약을 뱉어버리지는 않을까, 여러모로 걱정하고 긴장했던 나와 아내는 다봉이 약을 주고 난 뒤에는 진이 빠지곤 했다. 그런 우리의 고생을 아는지 고맙게도 다봉이는 예전처럼 날렵하게 골목을 뛰어다녔다.

이런 일을 겪어 보니, 다봉이가 퇴근할 때쯤에도 모습을 보이지 않으면 괜한 생각이 든다. 생각에 생각이 더해져 집에도 가지 못하고 하염없이 기다리기도 해봤다. 저 필요할 때만 드나드는 길고양이로만 생각했던 다봉이가 이제는 걱정하고 염려하게 되는 식구가 돼 버렸다.

소파에 전기장판이 참 따뜻하네~

너의
자리

서점 구석에 생뚱맞게 놓여 있는 박스 위 담요. 다봉이의 전용 자리이다.

다봉이는 나에 대한 경계가 허물어진 뒤로 남자 손님이 들어와도 하품만 길게 할뿐 별로 신경 쓰지 않았다. 나와 아내가 제 든든한 뒷배인 것을 아는 모양이다. 아닌 게 아니라 다봉이는 서점을 제 집처럼 생각하는 듯했다. 출근해서 문을 열면 제가 주인인 것처럼 서점 안을 한 바퀴 돌다가 사료와 물을 먹고 잠을 잤다. 잠에서 깬 뒤에는 몇 시간 밖에서 시간을 보내다 다시 돌아왔다.

사정이 이렇게 되다 보니, 2층 사무실에 있으면서도 다봉이가 잘 지내는지 신경이 쓰였다. 말을 하지 못하니, 세심히 살펴서 챙겨줘야 했다. 그때 문득 눈에 들어온 것이 차가운 바닥이었다. 점점 서늘한 기운이 흐르는 늦가을이 다가오는데, 서점의 냉랭한 타일 바닥에 앉아 있는 게 영 마음에 걸렸다. 다봉이가 외출을 나간 사이, 박스 위에 무릎 담요를 올려 서점 구석에 두었다. 녀석의 마음에 들어 할지 괜히 마음 졸여졌다.

다봉이가 돌아올 때쯤 1층으로 내려갔다. 다봉이 때문에 내려왔다고 말하기가 어쩐지 쑥스러워 서점에 꽂혀 있는 책들을 이리저리 살폈다. 몇 분이 지나지 않아 밖에서 야옹, 하는 소리가 들렸다. 다봉이가 문을 열어달라고 우리를 부르는 소리였다. 나는 문을 열어줬다. 문틈으로 다봉이가 쑥 하고 들어왔다. 목이 말랐는지 물을 핥아먹었다. 그리고 마침내 몸을 돌린 다봉이.

녀석은 박스 위로 폴짝 올라 몸을 길게 늘이더니 편안하게 몸을 뉘였다. 말해주지 않아도 제 자리라는 것을 알아챈 모양이었다. 나는 그런 다봉이가 귀여워 녀석의 머리와 등을 쓰다듬었다. 갸르릉, 소리를 내며 만족해하는 것을 보자 나도 괜히 뿌듯해졌다.

팍팍해지는 현실 속에서 내내 긴장하고 있던 내게 다봉이가 위로의 말을 건네는 것 같았다. 녀석에게 편의를 제공하는 것이 다봉이에게만 득이 되는 게 아니었다. 나 역시도 위안을 받고 있었다. 서로 말은 통하지 않더라도 소통을 하고 있는 사이가 된 것 같아 조금씩 다봉이가 각별해졌다.

생각하는 만큼 행동도 뒤따르는 법이다. 예년보다도 부쩍 기온이 떨어진 가을이 계속되자, 다봉이의 밤이 걱정됐다. 근무하는 중에야 언제든 서점 안에서 따뜻하게 쉴 수 있었지만, 우리가 퇴근 후에는 그럴 수 없었다. 그래서 하루는 퇴근 시간이 훌쩍 지나도 곯아떨어져 일어나지 못하는 녀석을 두고 퇴근을 했다. 녀석은 얼마 전에 사준 전기담요에 푹 빠져 있었다. 다행이라는 생각이 들기도 했다. 길 위에서 차가워진 밤바람을 맞는 것보다 뜨듯한 이곳이 다봉이에게 더 좋을 것 같았다.

그렇게 퇴근을 하고 집에 가까워져갈수록 이상하게 마음이 놓이지 않았다. 혹시나 하는 불안한 마음에 가던 길을 돌아 서점으로 왔다. 도착하고 보니 다봉이가 아웅, 아웅 소리를 내며 유리문을 긁고 있었다. 밖으로 나오려고 애쓰는 중이었다. 조급한 마음에 서둘러 문을 열어주니 쏜살같이 어디론가 사라져버렸다. 저를 위한다고 한 일이었는데, 가두어놓았다고 생각할까 마음이 편치 않았다. 겁이 나서 다시는 오지 않을지도 모른다는 생각에 괜한 짓을 했다는 후회가 들었다.

다봉이는 다음날 오전 늦게야 모습을 보였다. 다행이었다. 녀석은 어제 무슨 일이 있었냐는 듯 내가 제 몸을 쓰다듬을 때마다 그르릉 소리를 내며 좋아했다. 내게 준 마음을 거둬가지 않았다는 것이 기분이 좋았다. 하지만 밤이 되면 밖으로 내보내야 한다는 게 마음에 걸렸다. 가두는 게 아니라 저를 생각해서 그런다는 것을 알아주면 좋으련만. 하지만 내보내지 않으면 다봉이가 마음의 벽을 더 쌓을지도 몰랐다.

퇴근할 때쯤 나는 깊은 잠에 빠진 다봉이를 깨웠다. 비몽사몽 하는 다봉이를 일으켜 문 앞에 내놓았다. 다봉이는 나와 아내가 작별 인사를 서너 번 건넨 뒤에야 몸을 길게 늘어뜨리더니 휘적휘적 샛골목으로 사라졌다.

다음 날 다봉이는 아예 몸을 뻗대고 나가려 하지 않았다. 나가지 않으려는 녀석을 억지로 끄집어낼 수도 없는 노릇이었다. 혹시나 하는 마음에 서점에 다봉이를 두고 퇴근을 했다. 집에 도착할 때쯤, 녀석이 전처럼 힘들어하지 않을까 하는 노파심에 다시 서점으로 돌아갔다. 전과 달리 아무런 소리도 늘리지 않고 조용했다. 나와 아내는 서점 유리문틈으로 다봉이를 살폈다. 녀석은 편하게 누워 잠을 자고 있었다. 제 집인 듯 세상 만만하게 자리를 차지하고 있는 모습을 보니 안심이 됐다. 다봉이가 이렇게 제 자리를 찾아가고 있었다.

서점 한구석 다봉이의 전용 자리.

다봉이의
나무집

11월 초겨울이 찾아왔다. 골목의 겨울은 바람소리로 제 존재를 드러내곤 했다. 골목의 벽과 벽이 부닥쳐 내는 소리는 듣기만 해도 멍이 드는 듯했다. 초겨울인데도 벌써부터 바람의 기세가 대단한 것을 보면 올해 겨울을 지내기 만만치 않을 듯했다. 하물며 길고양이 인생이야. 회색빛 겨울로 시계추가 기울면서 다봉이에 대한 염려도 커져갔다. 활동범위가 넓은 다봉이라 마음이 더 쓰였던 것일지도 모르겠다.

서점 바깥에 종이박스로 집을 만들어준 것은 근처에서 노닐었으면 하는 생각에서였다. 아무리 바람 같은 길고양이라고 하지만, 어쩌다 퇴근시간에도 모습을 보이지 않으면 두런두런 올라오는 걱정들을 진정시키기 어려웠다. 다봉이가 제 영역으로 삼고 있는 부산대학교병원 철골주차장부터 부민교회를 뒤져보는 것도 쉽지 않았다. 겨울만이라도 서점 근처에서 따뜻하게 보내라는 마음에서 시작된 것이 종이박스 집이었다.

다봉이가 처음 종이박스 집 안에 들어갔을 때, 녀석은 갸르릉 소리를 내며 만족스러워했다. 몇 번이나 종이박스 집을 들락거리며 흡족해

했다. 종이박스 집을 잘 만들어준 것 같아 기분이 좋았다. 지금과 같은 계절에 길고양이들에게 무엇보다 필요한 것이 제 몸을 뉘일 수 있는 안식처였다. 꼭 겨울이 아니라 하더라도 길고양이에게 쉴 수 있는 곳은 절실했다. 어쩌면 저 종이박스 집은 다봉이가 무엇보다 원했던 공간이일 수도 있었다. 그것은 다른 길고양이들에게도 마찬가지였을 것이다.

만들어준 지 단 몇 시간 만에 종이박스 집은, 골목 고양이들의 격전지가 돼 갔다. 그동안 잘 보이지 않던 길고양이들이 서점 앞을 어슬렁거린다는 말을 아내에게 들었을 때는 대수롭지 않게 생각했다. 언젠가부터 골목이 길고양이들의 터전이었고, 우리가 보지 못했을 뿐 늘 우리 주위에 있다고 여기게 됐던 터였다.

사태의 심각성을 알게 된 것은 다음 날이었다. 종이박스 집 앞이 어수선했다. 하루 만에 집 상태는 엉망이 돼 있었다. 골목의 길고양이들이 종이박스 집을 제 것으로 차지하려 싸움을 벌인 탓이었다. 다봉이는 그런 길고양이들을 막아섰다. 길고양이 처지를 반쯤 벗어난 녀석은 제 공간에 다른 녀석들이 드나드는 것을 수용할 생각이 없었다. 얌전하고 점잖던 다봉이가 날카롭고 공격적인 모습을 보인 것은 처음이었다.

밤새 경계하느라 잔뜩 예민해져 있던 다봉이는 최후의 한 방이 필요하다고 여긴 것 같았다. 풀쩍 지붕 위로 올라가더니 다른 길고양이들을 공격했다. 다른 길고양이들도 오르기를 몇 번, 싸움이 격렬해진다 싶을 때쯤 집이 가라앉았다. 다봉이를 포함한 고양이들의 무게를 견디지 못한 종이박스 집이 납작해져 버렸다. 놀란 길고양이들은 포르르 골목 이리저리로 달아났다. 다봉이 혼자 남았다. 어안이 벙벙한 다봉이의 눈빛이 어딘지 서러워 보였다. 풀이 죽은 채 그대로 멈춰 나만 바라보고 있는 녀석이 안 돼 보이면서도 귀여웠다. 나는 다봉이를 안아 올리며 말했다.

"튼튼한 집 지어줄게. 걱정하지 마라."

나는 곧바로 목공소를 찾아가 다봉이 집을 만들어달라고 부탁했다. 일주일 정도의 시간이 흐른 뒤에 완성된 다봉이의 나무집은 한눈에도 단단해 보였다. 하지만 덜렁 나무집만 내어놓기에 겨울바람은 너무 차가웠다. 나는 근처 의료기 상점에서 자그마한 전기장판을 구매했다. 그것을 서점 안에서 연결해 나무집 안에 넣어두었다. 퇴근할 때까지 다봉이가 나타나지 못해 서점 안으로 들어오지 못해도, 나무집이 있으니 안심하고 문을 닫을 수 있게 됐다.

나무집을 정리하고 나니, 저번처럼 다른 길고양이들이 소란이라도 일으킬까 걱정이었다. 다봉이를 위한 공간이기는 하지만, 때때로 다른 길고양이들에게 양보해주길 바라는 마음도 들었다. 다봉이에게는 우리가 있으니까. 순간순간이 치열한 길고양이들에게는 무리라는 것을 알면서도, 욕심처럼 그런 마음이 들었다.

얼마 뒤 외근 갔다 돌아오는데 나무집에는 얼룩덜룩한 작은 고양이 한 마리가 들어가 있었다. 다봉이는 서점 안에서 그 고양이를 말없이 바라봤다. 아내 말로는 얼룩덜룩한 고양이가 나무집 앞에서 작고 쉰 목소리로 야옹, 하고 인사를 했고, 그 고양이를 가만 보던 다봉이가 성큼 나무집을 나와 서점 안으로 들어왔다고 했다. 얼룩덜룩한 고양이는 나무집 안으로 들어가 사료와 물을 조심스레 먹고 어딘가로 사라졌다. 전과 달리 선뜻 제 공간을 내어준 다봉이가 대견스러웠다. 다봉이는 길고양이들과 같이 겨울을 보낼 준비를 하고 있었다.

12월의 어느 날. 여느 날과 다름없이 출근을 했고 차 시동 꺼지는 소리에 다봉이가 나무집에서 나왔다. 인사를 하려는데 그 옆에는 자그마한 길고양이가 한 마리 있었다. 검은색과 흰색이 뒤섞인 새끼고양이였다. 자세히 살펴보니 얼마 전 어미를 잃은 녀석이었다. 태어난 지 겨우 두 달 남짓, 어미는 목숨을 잃으면서도 애달파했을 새끼였을 것이다. 새끼고양이의 행방을 찾아도 보이지 않더니, 제 살 길을 찾아 다봉이 옆으로 온 모양이었다.

　나는 고양이 캔을 가져와 다봉이와 새끼고양이 앞에 뒀다. 한참을 정신없이 먹어대던 새끼고양이가 배가 부른지 길게 몸을 늘어뜨렸다. 그리곤 다봉이 앞에서 이리 뒹굴, 저리 뒹굴 하며 애교를 부렸다. 어미를 잃은 새끼의 사정을 아는 것인지, 다봉이는 그런 새끼고양이를 넉넉한 품으로 바라봤다. 그 순간만큼은 겨울이 아니라 봄이 코앞에 다가온 듯 따뜻했다.

* 새끼고양이는 2012년 12월 24일, 교통사고로 목숨을 잃었다.

집고양이,
다봉이

2013년 2월, 구정이 코앞이었다. 불과 몇 주 전에 치열했던 대통령선거가 끝났다는 것이 믿기지 않을 만큼 골목은 차분했다. 매년 돌아오는 구정이었고, 대학병원과 대학교를 사이에 둔 골목 상권이 바삐 돌아갈 이유도 없었다. 서점의 일상도 그러했다.

날씨는 점점 쌀쌀해졌고, 칼바람에 절로 몸이 움츠러들었다. 그런 계절 탓인지 다봉이는 대부분의 시간을 이곳에서 보냈다. 아늑한 제 자리를 꽤 만족스러워하는 듯했다. 길게 늘어져 밖을 구경하고 있는 다봉이를 보고 있자니 슬며시 걱정이 앞섰다. 구정을 앞두고 있기 때문이다.

자영업을 하게 되면 하루 휴가를 내는 것도 쉽지 않다. 제 시간이 따로 없다는 것이 자영업자의 가장 큰 애로사항일지도 모르겠다. 그런 내가 거의 유일하게 서점을 닫는 시기가 추석과 설날이었다. 길어야 사흘의 연휴였다. 어떻게든 서둘러 연휴를 끝내고 문을 열곤 했다. 그런데 처음으로 어떻게 설날을 보내야 할지 고민이 됐다. 다봉이 때문이었다.

물은 밤새 얼기 일쑤였고, 사료는 다른 길고양이들이 먹어 다봉이 몫이랄 게 없었다. 명절에 더 박한 것이 길거리 인심이었다. 다봉이의 방광염도 마음에 걸렸다. 겨우 사흘이었지만, 매일 챙겨주지 못한다는 것이 걱정이었다. 지금도 꾸준히 약을 먹어야 하지 않는가.

어떻게 하는 것이 좋을지 아내와 의논했다. 다봉이와의 일들을 함께 겪어 와서 그런지 아내는 나와 비슷한 생각을 하고 있었다. 우리는 누가 먼저랄 것도 없이 결정했다.

- 다봉이를 집으로 데려가자.

집으로 데려가자, 라니. 돌이켜보면 이 말이 갖는 무게가 조금 두려웠던 것 같다. 하지만 그보다는 설렘이 더 컸다는 것을 부정하지도 못하겠다. 지금처럼 서로가 서로에게 위안과 편안함을 주는 관계가 계속 이어진다면 더 바랄 게 없겠다는 생각도 들었다.

구정 며칠 전, 다봉이를 케이지에 넣었다. 녀석은 잠시 뻗대며 들어가는 것을 거부했지만, 곧 수긍을 하고 안으로 들어갔다. 동물병원에 가는 걸로만 생각하고 있을 텐데, 우리 집에 도착하게 되면 어떤 생각을 하고 행동할지 상상조차 할 수 없었다.

아파트 입구에 들어서면서부터 다봉이는 불안한 듯 야옹, 야옹하며 어쩔 줄 몰라 했다. 녀석만 긴장한 것은 아니었다. 나 역시도 다봉이가 우리와 함께 이곳에서 편안하게 지낼 수 있을지 뚜렷한 확신이 서지 않았다.

거실에 들어와 케이지를 열었다. 열리기만을 기다렸던지, 다봉이는 후다닥 튀어나와 어디론가 숨어버렸다. 순식간에 일어난 일이라 아내와 나는 한동안 멍하니 있었다. 겨우 정신을 차리고 구석구석을 찾아봤지만 헛수고였다. 한정된 공간에 감쪽같이 숨어버린 것에 어안이 벙

병했다. 등허리에서 식은땀이 흘렀다.

"여기 있네, 여기."

아내의 말소리를 따라 안방으로 들어갔다. 아내는 침대 밑을 손가락으로 가리켰다. 나는 엎드려 침대 밑 구석에 숨어 있는 다봉이를 봤다. 갑작스레 바뀐 환경에 겁이 났는지, 나와 눈이 마주치고도 움츠러들기만 했다. 녀석에게 시간을 주기로 했다. 누구라도 낯선 환경에 대한 공포는 있는 법이니까. 나는 다봉이가 위태로운 거리가 아니라 집안에 있다는 것만으로도 안심이 됐다.

나와 아내는 거실에 가만히 앉아 다봉이의 동태를 살폈다. 한동안 얌전히 있던 녀석이 침대 밖으로 나오는 소리가 들렸다. 별다른 기척이 없는 것을 확인하고는 조심스레 이리저리 둘러보는 듯했다. 폴폴대는 소리에 아내와 나는 다행이라는 생각이 들었다.

다봉이는 그 뒤에도 한동안 눈치를 살피며 주변을 살폈다. 그러다 후다닥 방과 방을 오가며 돌아봤다. 주저주저하면서도 호기심을 이기지 못하고 이곳저곳 기웃거리는 폼이 귀여웠다. 생각했던 것보다 빨리 적응을 해나가는 다봉이가 기특했다.

그 후 다봉이는 장식장 위나 김치냉장고 그리고 냉장고 위에서 모습을 보였다. 집안의 물건 모두에 제 발 도장을 찍어야 안심하겠다는 듯 열심이었다. 신출귀몰하는 다봉이에게 놀라기도 했지만 우리 가족들은 모두 녀석의 적응기가 끝날 때까지 묵묵히 기다렸다.

그리고 마침내 연휴가 끝날 때쯤, 다봉이는 편한 자리를 찾았다-소파 위 내 옆자리. 여느 때보다도 내 손길을 더 친근하게 여기는 듯했다. 편안하게 누워 장난감으로 함께 어울리다보면, 원래부터 다봉이의 자리가 여기였던 것처럼 느껴졌다.

집고양이가 된 다봉이가 소파에서 꿀잠을 자고있다.

스크래칭과
털

다봉이와 함께 살기 시작하면서, 집도 변화가 생겨났다. 고양이 화장실부터 캣타워까지, 거실과 베란다에는 다봉이 물건들로 채워졌다. 그리고 가죽소파가 엉망이 됐다.

고양이들의 발톱은 여러 겹으로 돼 있다. 시간이 지나면 안쪽의 새 발톱이 밀고 올라와 바깥쪽 발톱이 너덜너덜해지는데, 고양이들은 발톱을 긁어 바깥의 죽은 발톱을 제거한다. 발톱으로 영역 표시를 하거나 기분을 표현하는 고양이들에게 발톱 갈기(스크래칭)는 필수다.[1] 다봉이도 예외는 아니었다. 다봉이의 첫 스크래쳐는 가죽소파였다.

다봉이가 처음 스크래칭을 했을 때는, 소파에서 다봉이를 떼어내는 데 급급했다. 다봉이가 무작위로 선택한 스크래쳐가 소파라는 것이 당황스러웠다. 다봉이는 소파로 가려하고, 우리는 그런 다봉이를 가로막고…… 몇 번이 반복되자 다봉이는 신경질이 났는지 짜증을 냈다. 다봉이는 제 짜증에도 소파에 가지 못하게 막는 내게 화가 났는지, 방으

---

1 〈다시 쓰는 고양이 사전〉, (주)동그람이(http://post.naver.com/animalandhuman) 참조

로 쏙 들어가 버렸다.

다봉이가 차선책으로 선택한 것이 벽이었다. 소파보다 딱딱한 콘크리트 벽이 마음에 든 모양이었다. 하루에도 몇 번씩 벽을 북북 긁어대는 통에 벽지가 너덜너덜해져 보기 흉했다. 녀석은 틈만 나면 벽에 붙어 발톱을 갈았다. 하지 말라고 떼어놔도 다봉이는 다른 벽에 가 붙었다. 고양이들이 이렇게 집요하게 발톱 관리를 하는 것을 예전에는 알지 못했었다. 골똘히 집중하며 발톱을 갈고 있는 것을 보고 있노라면 귀엽기도, 안쓰럽기도 했다. 고약해진 소파와 벽지에 눈이 닿으면 한숨이 나왔다. 고양이 전용 스크래쳐를 사온 것은 이때였다. 스크래쳐에 제 발톱을 박박 문질러본 다봉이는 만족스럽다는 듯 길게 몸을 늘어뜨렸다.

스크래칭보다 더 힘든 것은 털이었다. 서점에서 키울 때도 고양이털 치우기가 만만치 않다는 것은 알았다. 하지만 한 집에서 어울리며 겪어보니, 막연히 알고 있는 것과는 차원이 다른 문제였다.

하루는 결혼식에 가려는데, 다봉이가 언제나처럼 제 몸을 이리저리 비벼댔다. 잘 다녀오라는 다봉이의 인사였다. 나도 다봉이의 등을 토닥이고 결혼식장으로 향했다. 주차를 하고 내렸는데, 얼결에 거울을 보고 깜짝 놀랐다. 까만 양복바지에 하얀 다봉이 털이 뭉쳐 엉망이 돼 있었다. 양복 소재가 순모라 상태가 더 안 좋았던 모양이다. 공기 중에도 고양이털이 날리는 것을 알기에 하루 두 번씩 꼼꼼히 청소를 해왔다. 하지만 양복바지에 덕지덕지 달라붙어 있는 고양이털 뭉치를 보자 생각했던 것보다 심각했다. 그간 외면하고 있던 문제들이 우당탕 내 앞으로 튀어나오는 것 같았다.

주차장에서 30분 가까이 양복바지에 붙은 다봉이 털을 떼고, 허겁지

겁 결혼식에 참석해 지인들과 인사를 나누고 집으로 돌아오니 피곤해 몸이 늘어졌다. 소파에 늘어져 있는 다봉이를 보자, 앞으로 어떻게 키워야할지 막막했다.

나는 복잡한 마음으로 다봉이 곁에 가 앉았다. 등과 머리를 쓰다듬으며, 다봉이를 처음 만난 그날부터 집에 데려와 키우기로 결심했던 순간들을 떠올렸다. 길고양이였던 다봉이가 겪었을 고생을 생각하니 측은한 생각에 코끝이 찡했다.

"털이 많이 빠져도 괜찮다. 우리 다봉이, 오래오래 살자."

내 얼굴을 가만 바라보던 다봉이는 그 말을 알아들었는지, 눈가에 눈물이 맺힌 듯했다.

고양이는 보통 유루증이나 백내장 같은 질병이 있을 때 눈물을 흘린다고 한다. 하지만 때때로 다봉이는 같이 오래 살자는 내 말을 새겨듣기라도 하는 듯 눈물을 보인다. 말로 감정을 표현하지 못하지만 내 마음을 알아주는 것 같다. 그런 다봉이니 다른 것은 문제 삼을 수 없었다.

오늘 아침에도 나와 아내는 청소기를 들고 안방과 거실, 주방을 청소했다. 청소가 끝나고 나면 다봉이가 언제나처럼 내 뒤를 따르며 출근 준비를 도왔다. 양말과 바짓단에는 다봉이의 털이 몇 가닥 붙어 있다. 그것을 떼어내며 신발을 꿰신었다. 다봉이와 인사하고 집을 나서며 손바닥에 묻은 다봉이 털을 털어냈다. 날마다 털과의 전쟁을 겪지만, 다봉이와 함께 있다는 것이 행복하다.

베란다의 다봉이 집과
스크래쳐 사용전 다봉이의 흔적.

고양이
알레르기

다봉이가 집고양이가 된 지 1년이 지났다. 다행히도 다봉이는 원래부터 이곳에서 생활했던 것처럼 편안하게 생활하고 있다. 하지만 시간이 지나자 예상치 못한 문제가 생겼다. 고양이 알레르기였다.

다봉이가 온 뒤부터 큰아들이 이비인후과를 찾기 시작했다. 시작은 재채기와 콧물이었다. 괜찮겠지, 하고 무심히 넘기다 그 증상이 점점 심해져 병원을 찾게 된 것이다. 병원에서는 고양이알레르기라고 했다. 병원에서는 고양이와 함께 생활하면 더 악화될 거라며, 고양이를 키워서는 안 된다 말했다고 한다. 아들의 말을 듣고도 혹시나 하는 마음에, 근처 부산대학병원에서 다시 진료를 받았다. 결과는 마찬가지였다. 아들에게까지 알레르기가 있다는 말을 들으니 어떻게 해야 할지 몰라 막막했다. 아들을 생각하면 다봉이를 내보내야 하지만, 그렇게 할 수는 없는 노릇이었다.

나 역시 고양이 알레르기가 있었다. 몸이 가려웠고, 결막염 걸린 듯 눈이 맑지 않고 피로했다. 아침마다 감기몸살이 걸린 듯 몸이 무겁고 피곤했다. 휴일에 산행을 하거나 외출을 하고 나면 컨디션이 좋아졌다. 며칠 동안 지방 출장을 다녀와도 몸이 가뿐해졌다. 의사는 이런 증상으로 고양이와 함께 산다는 게 말이 안 된다고 했다. 안타깝지만 고양이를 키우는 것을 포기하라고 했다.

눈앞이 뿌연 데다 자주 붓고, 푹 자고 일어나도 찌뿌드드해 늘 피곤하기는 했다. 하지만 나를 좋아하고 의지해주는 다봉이를 보면 내보낼 생각조차 할 수 없었다. 세상 어느 누가 나를 이렇게 애정할 수 있을까. 그랬는데 아들에게도 알레르기 증상이 있다니, 나 혼자 아팠을 때와는 다른 문제였다.

가족회의를 했다. 어느 누구도 선뜻 입을 열지 않았으니, 회의라고 할 것도 없겠다. 아들은 콧물을 훌쩍이면서도 다봉이를 내보내자는 말을 하지 않았고, 아내도 입을 열려다 한숨을 쉬고 말았다. 나는 뻑뻑한 눈으로 두 사람을 번갈아봤다. 그런 우리들의 모습을 다봉이가 캣타워에서 내려다보고 있었다.

장고 끝에 아들은 회사 근처로 독립을 하기로 했다. 예상했던 것보다 빠른 독립이라 때때로 허전하기도 하지만, 말끔해진 아들을 보면 다행이라는 생각이 든다.

고양이를 입양하려는 분들은 무엇보다 알레르기 검사를 받아보는 게 좋을 것 같다. 고양이 알레르기는 흔히 털 알레르기라고 생각할 수 있지만, 사실은 고양이의 오줌이나 혈액 그리고 타액에서 배출되는 특수단백질에 대한 반응이다. 이것을 정확히 알고 입양 여부를 결정하는 것이 반려묘를 오래 키울 수 있는 바탕이 되리라 생각한다.

나와 아들에게 고양이 알레르기가 있다는 것을 알았다면, 쉽게 다봉이를 데려올 생각을 하지 못했을 것이다. 다봉이와 어울려 지내다보면 마음은 즐거워도 몸은 괴로워지는 게 사실이다. 출장이나 산행을 하게 되면 몸이 편해지는 게 단박에 느껴진다. 하지만 지방 출장으로 집을 비울 때, 다봉이가 우울해하고 힘이 없어 보인다는 아내의 말을 전해 들으면, 몸보다도 마음이 불편하다. 최대한 서둘러 일을 마무리하고 돌아가 다봉이를 안으면, 녀석은 한동안 나를 본체만체한다. 그동안 제가 겪은 그리움의 표현이다. 그런 다봉이의 마음이 풀어질 때까지 한참을 쓰다듬어준다. 한껏 토라진 마음이 풀리면 그제야 야옹, 하고 인사하는 다봉이. 그 인사가 너무 애틋하고 보드랍다. 몸은 고되고 힘들지만, 다봉이가 건강하게 내 곁에 있는 게 감사한 하루다.

다봉이가 무슨 꿈을 꾸고 있을까.

엇! 저게 뭐야? 처음보는건데!

갑자기 귀가 왜 가렵지?!

껌딱지
다봉이

다봉이와 몇 년째 함께 생활하다 보니, 말을 하지 않아도 뜻이 통한다. 내가 집에 있으면 다봉이는 혼자서 뭘 하려 하지 않는다. 내가 하나부터 열까지 수발을 들어줘야 한다. 내가 저를 위해 해주는 것이 좋은 모양이다.

얼마 전까지만 해도 다봉이는 새벽마다 나를 깨웠다. 밥을 달라는 것이다. 한참 숙면을 취하고 있는데 침대 위로 폴짝 올라 내 머리를 떠밀곤 했다. 피곤함에 모른 척 등을 돌려도 다봉이는 집요하게 깨웠다. 거실에는 다봉이 사료와 물이 늘 마련돼 있었다. 하지만 언제든 다봉이는 내 손을 빌리려 했다.

부은 눈을 뜨지도 못하고 사료를 손바닥에 올려놓으면, 다봉이는 아그작 소리를 내며 먹었다. 어찌나 해맑게 먹는지, 하품을 하다가도 웃음이 나왔다. 이래저래 요구사항이 많은 다봉이는 제가 만족을 느낄 때 내 기분 또한 좋아진다는 것을 알고 있었다. 어느새 내 머리 위에 올라와 있는 녀석이었다.

하지만 매일 새벽에 잠을 깨우자, 나도 모르게 짜증이 나 다봉이에게

화를 냈다. 그러지 말아야지 하면서도, 계속 쌓인 피로가 불뚝 튀어나왔다. 다봉이의 얼굴이 뾰로통했다. 마음이 상했는지 내가 내민 손도 뿌리쳤다. 다봉이를 쫓아다니며 사과했지만, 소용없었다.

다봉이는 그날부터 밥을 먹지 않았다. 출근할 때마다 내놓은 사료는 퇴근 때까지도 그대로였다. 사무실에서도 다봉이 걱정이 떠나지 않았다. 아내와 큰아들은 하루 정도 지나면 괜찮아질 거라고 했다. 하지만 사흘째에도 다봉이는 사료를 쳐다보지도 않았다. 혹 다른 병 때문에 그런 것은 아닌지, 가슴이 철렁했다.

그래서 부랴부랴 다봉이를 데리고 다솜고양이메디컬센터를 찾았다. 이전에도 위독했던 다봉이를 치료해준 병원이었다. 지난 며칠간의 사정을 말하니, 몇 가지 검사를 해야겠다며 입원을 시키라고 했다. 케이지에 들어간 다봉이의 얼굴이 괜히 쓸쓸해 보였다. 아무 일 없기를 바라는 새 이틀이 지났다. 병원에서는 특별히 나쁜 곳이 없다고 했다.

"그런데 왜 밥을 먹지 않았을까요?"

"다봉이는 사랑을 먹고 사는 아이니, 잘 해줘야 할 것 같아요."

원장이 말했다. 길고양이로 생활할 때나 생명이 위급했던 순간 그리고 집고양이로 살고 있는 지금, 다봉이는 늘 변함없이 사랑을 원한다고 했다. 새벽에 목소리를 높였던 게 더 미안해졌다. 관심과 애정이 필요하지 않는 생명이 어디 있을까. 어쩌면 다봉이는 내가 화를 내던 그 순간, 버려졌던 오래 전 기억을 떠올렸을 지도 몰랐다.

돌아보면, 아슬아슬했던 노숙 생활과 위급했던 병원 생활로 지쳐있던 녀석이 기댈 수 있었던 건 나와 우리 가족이었다. 경계심을 갖던 녀석과 친밀해지기 위해서는 인내심이 있어야 했다. 하지만 지금의 관계로 오기까지는 내 쪽으로 한 발 내딛는 다봉이의 용기가 없었다면 불

가능했을 일이었다. 다봉이는 온전히 나를 의지하고 있었다. 그런 다봉이를 잠깐이나마 귀찮게 여긴 게 마음에 걸렸다.

지금은 새벽에 일어날 일은 없다. 잠에 취해 먹이를 주는 내가 안쓰러웠던지 아니면 더는 새벽마다 내 존재를 확인하지 않아도 안심이 됐던 건지, 다봉이의 새벽식사는 어느 순간 사라졌다. 대신 내가 침대에서 일어난 걸 확인한 순간, 다봉이는 밥을 달라며 성화다. 거실과 주방에 다봉이 몫의 사료와 물이 있는데도 모른 체 한다.

나는 손으로 사료를 받아 다봉이 코앞에 가져간다. 아그작아그작. 사료를 씹는 소리가 경쾌하다. 사료를 다 먹은 뒤에는 주방으로 가 앉는다. 긴 꼬리를 우아하게 살랑 흔들며 나를 기다리고 있다. 물을 달라는 뜻이다. 그러면 나는 두 손에 다시 물을 받아 다봉이 앞으로 가져간다. 이런 내 수고가 당연한 듯, 할짝거리며 마시는 그 모습을 보면 어이가 없다가도 애정이 솟는다. 오매불망 나만 바라보고 있는데, 어떻게 사랑하지 않을 수 있을까.

퇴근 후에도 마찬가지다. 온종일 나만 기다렸던 다봉이는 다른 가족들은 본체만체한다. 아내와 눈이 마주쳐도 심드렁해한다고 했다(때때로 아내는 내게 장난스런 시샘을 하기도 한다). 아파트 길고양이들의 사료와 물을 챙기고 뒤늦게 들어가면 다봉이는 그제야 몸을 일으킨다. 반갑게 내게 몸을 비비며 인사를 하고는 밥그릇 앞에 턱 앉는다. 밥을 달라는 것이다. 아침과 똑같은 일상이 반복된다. 다른 건 밥을 먹고 물을 떠다 마시고 나서 현관 앞에 앉는다는 점이다. 다봉이가 바라는 건 하나, 산책이다.

가슴줄을 하고 밖으로 나가면 신이 난 다봉이의 걸음이 빨라진다. 소파에 앉아 편안히 텔레비전을 보거나 휴대폰으로 뉴스를 검색하던 예전의 여유롭던 삶은 이제 없다. 때때로 예전의 삶이 생각나기는 하지만, 그립지는 않다. 다봉이에게서 얻는 마음의 위안이 무엇보다 크기 때문일 것이다. 지금처럼 다봉이가 내 껌딱지로 건강하게 지냈으면 하는 마음뿐이다.

빨리 약타세요~ 집에 가고 싶어요!

아빠가 집에 있을때는 절대로 혼자 먹지 않는다.
오직 아빠의 손맛으로 먹는다.

나무 위로
올라간 다봉이

다봉이는 산책하는 것을 즐긴다. 제 영역을 고수하는 고양이들이라 집고양이라면 집안에서의 생활에 만족하기 마련이다. 하지만 다봉이는 그렇지 않았다. 매번 저녁 식사를 끝내고 나면 현관 앞에 앉아 밖으로 나가자며 재촉한다. 옷을 갈아입느라 혹은 지인의 연락을 받느라 방에서 금세 나오지 않으면, 다봉이는 따라 들어와 나를 졸라댄다. 비가 많이 내리는 날에도 일단 나가기는 해야 한다. 베란다로 데려가 비 내리는 것을 보여줘도 막무가내다. 직접 눈앞에서 확인을 해야 겨우 집으로 아쉬운 발길을 돌린다. 부슬비 정도는 산책하는 데 아무런 걸림돌도 아니다. 겨울철에는 시린 발을 동동거리고, 여름철에는 땀에 젖은 채 모기의 공격을 받으면서 다봉이 옆을 지킨다. 최소한 한 시간 동안 다봉이는 지치지도 않은 채 풀을 뜯으며 주위를 돌아보느라 여념이 없다.

어느 한여름 저녁에도 평소처럼 다봉이와 함께 산책을 나왔었다. 호기심 많은 다봉이는 밖으로 나오자마자 주변을 이리저리 살피며 풀을 뜯어 먹었다. 같은 코스로 산책을 하는데도 녀석은 매번 새롭게 느껴지는 모양이었다. 지인에게 전화가 온 것은 그때였다. 오랜만에 통화를 하느라 잠깐 다봉이에게서 눈길을 돌린 순간, 녀석이 사라졌다. 느긋하게 풀을 뜯고 있는 모습에 잠시 방심한 게 문제였다. 나는 서둘러 전화를 끊고 다봉이를 찾았다.

불과 몇 초였다. 그 잠깐 사이에 다봉이가 사라졌다. 주차돼 있는 차 밑은 전부 다 살폈다. 이때만 해도 가슴줄이 아니라 목줄을 사용하고 있던 때였다. 혹 차바퀴에 줄이 끼었다면 심각한 상황이 올 수도 있었다. 주의를 기울이지 않은 내가 밉기도 하고, 보이지 않는 다봉이가 걱정스럽기도 했다. 쉴 새 없이 다봉이에게 용서를 구하고, 내가 알고 있는 모든 신들께 별일 없기를 기도드렸다.

다봉아, 다봉아.

아파트 단지를 돌며 다봉이를 불렀지만, 대답하는 소리가 들리지 않았다. 길고양이들도 제 집으로 돌아갔는지, 단지 내는 적막했다. 온몸이 식은땀으로 젖었다. 끝 모를 불안에 손끝도 바들거렸다.

야옹.

어디선가 고양이 울음소리가 들렸다. 소리는 작았지만 분명 다봉이 소리였다. 근처에 주차된 자동차를 다시 살폈지만, 여전히 찾을 수 없었다.

다봉아.

나는 다시 다봉이를 부르고 가만히 서서 소리가 들리는 쪽이 어딘지 귀를 기울였다. 환청이 아니기를 기도했다. 소리는 머리 위에서 들렸다. 나는 슬쩍 고개를 들었다.

다봉이는 나무 위에 올라가 있었다. 매미를 잡으려 올라갔던 모양이었다. 다봉이는 나와 눈이 마주치고 나서야 다행이라는 생각이 들었던지, 도와달라며 얕은 소리를 냈다. 자세히 살펴보니 다봉이는 목줄이 나뭇가지에 감겨 옴짝달싹하지 못하고 있었다. 미안한 마음이 왈칵 쏟아졌다. 잠깐의 부주의가 다봉이를 위험하게 할 수 있었다는 데 등골이 서늘했다. 조심히 나뭇가지에 감긴 목줄을 풀고 다봉이를 내렸다.

고양이와 산책을 할 때는 긴장을 놓지 말아야 한다는 걸 몸소 겪었다. 이번 경우처럼 나뭇가지에 목줄이 걸릴 수도 있지만, 차 밑으로 들어가 차바퀴에 목줄이 끼일 수도 있었다. 목줄이 목을 옥죘다거나, 차가 시동을 켜고 출발했다면? 생각만 해도 끔찍했다.

그리고 목줄이 아니라 가슴줄을 하도록 유도해야 한다. 목줄은 고양이 스스로 빠져나갈 수 있고 또 목이 졸릴 수 있기 때문이다. 무엇보다 가슴줄을 반드시 잡고 있어야 한다. 고양이가 산책을 원하지 않는다면 억지로 권할 필요는 없지만, 다봉이처럼 산책을 즐겨한다면 세심하게 살펴야 할 것이다.

앞서의 일이 있고 난 뒤 산책을 주저할 만도 한데, 다봉이는 여전히 현관 앞에서 내가 나오기를 기다리고 있다. 조금이라도 내가 늦장을 부리면 닦달을 부리기도 하면서, 앞장서 산책을 나선다. 그날의 아찔했던 기억을 되새기며, 나는 오늘도 풀을 뜯어먹는 다봉이 옆을 지키고 있다.

산책을 나가자고 현관에서 기다리는 다봉이

산책하는 다봉이.

날씨 추운데 집으로 들어갈까 말까

아~ 날씨가 춥네.

발톱관리 좀 하고 갈게요~

64

놀이터에도 친구들이 안보이네.

내 머리 쓰다듬어주는 아줌마가 왜 안오지?

다봉이의
우울증

다봉이와 함께 생활하면서 한 가지 다짐한 것은, 녀석이 원하는 대로 살게 하겠다는 것이었다. 심리적인 부담을 조금만 느껴도 힘들어하는 다봉이이기 때문이었다. 방광염을 앓아서 오랫동안 약을 먹고 치료를 받아야 했던 전적도 이런 생각을 하게 한 데 영향을 끼쳤다.

제가 원하는 대로 생활을 해서 그런지 다봉이는 4년째 방광염이 재발하지 않고 있다. 병원에서도 스트레스를 받지 않는 것이 제일이라고 했다. 사람이나 동물이나 스트레스는 만병의 원인이고, 마음 편히 웃을 수 있는 것이 보약이라는 것을 새삼 깨닫는다. 사람들은 쉽게 욕심을 버리지 못하고 마음을 비우지 못해 화를 키우며 스트레스를 받는다. 다봉이가 집고양이가 된 지 얼마 되지 않아 죽을 고비를 겪은 것도 다 마음의 병에서부터 시작된 거였다.

다봉이와 집에서 생활하게 된 지 얼마 지나지 않아, 녀석이 밥을 먹지 않았다. 하루 이틀 지켜보다 상태가 악화되는 게 눈에 보였다. 그래서 방광염을 수술했던 D병원을 찾았다. 검사결과는 별 특이사항이 없었다. 특별한 병명을 찾을 수 없자, 병원에서는 내시경검사를 제안했고 나는 동의했다. 이때까지만 해도 이것이 다봉이를 살리는 길인 줄 알았다.

내시경검사를 하기 위해 먹인 약물을 토해내던 다봉이는 결국 탈수 증세까지 왔다. 각종 검사를 하느라 하루에 마취를 두 번씩이나 했으니, 체력이 바닥이 된 다봉이가 견딜 재간이 없었을 것이다. 그렇게 힘들게 한 내시경검사에서도 아무런 원인을 찾을 수 없었다. 기력을 회복하기 위해 입원을 시키고 돌아섰다.

입원한 지 사흘째 되던 날, 병원장에게서 연락이 왔다. 상태가 너무 좋지 않고 더 이상 취할 조치가 없다고 했다. 어렵겠습니다, 라는 말에 하늘이 무너지는 기분이 들었다. 며칠 전만해도 멀쩡했던 다봉이의 생명이 위태롭다는 말에 원망섞인 눈물이 나올 것 같았다. 나는 서둘러 병원으로 달려갔다.

케이지에 들어있는 다봉이는 겨우 숨만 쉬고 있었다. 눈을 겨우 떴다 이내 감아버렸다. 아내와 나는 그런 다봉이의 모습에 내내 눈물만 나왔다.

"할 도리는 다 했고, 정확한 건 배를 갈라 속을 살펴보는 수밖에는 없습니다."

대책 없는 수의사의 말에 더 억장이 무너졌다. 나는 이를 악물고 다봉이를 데리고 나왔다. 이 병원으로 온 것이 너무 후회됐다. 수의학과가 있는 대학병원을 찾아가야겠다고 생각했다. 동물약품을 취급하는 지인에게 전화를 걸었다. 아무래도 어디가 더 괜찮은지 알고 있을 것 같았다.

경상대나 경북대를 생각하고 있었는데, 지인은 문현동에 있는 다솜고양이메디컬센터를 알려줬다. 고양이 병원이 따로 있어 전문적으로 고양이 치료를 할 수 있을 거라고 했다. 나는 어떻게든 다봉이를 살리겠다는 생각에 다솜으로 갔다. 전후사정을 들은 원장님은 검사를 해보자고 했다. 그런데 탈수현상이 심해 혈관이 말라 혈액검사하기도 쉽지 않았다. 원장님은 다봉이를 입원시키고 수액을 놓아 검사를 했다. 탈수가 워낙 심해 신장에 무리가 왔다고 했다. 신장 치료를 위해 며칠 간 입원해야 했다.

며칠 후 다봉이는 병원의 적절한 조치 끝에 극적으로 살아났다. 다봉이가 버텨준 것이 너무 고마웠다. 다봉이를 살려준 김성언 원장님께도 감사의 인사를 전하고 싶다.

다봉이가 식사를 거부한 것은 우울증 때문이라고 했다. 가족 모두가 출근하고 난 뒤 오랜 시간을 혼자 지내다 보니 외로움을 느꼈다고 했다. 다봉이를 위해 입양을 했는데 정작 다봉이는 외로움을 느끼고 있었다니, 충격이었다. 그래서 퇴원을 하고 집으로 돌아온 뒤로는 내내 다봉이와 시간을 보내려 애썼다. 다봉이에게 더 부드럽게 말을 건넸고, 자주 쓰다듬어줬다. 장난감을 가지고 최선을 다해 놀아줬다. 그렇게 시간이 지나자 다봉이는 잃었던 식욕을 차츰 되찾았다.

하지만 나는 우리가 출근하고 나서 집에 혼자 있을 다봉이가 내내 마음 쓰였다. 고민 끝에 다봉이와 함께 시간을 보낼 친구를 한 마리 입양하기로 했다.

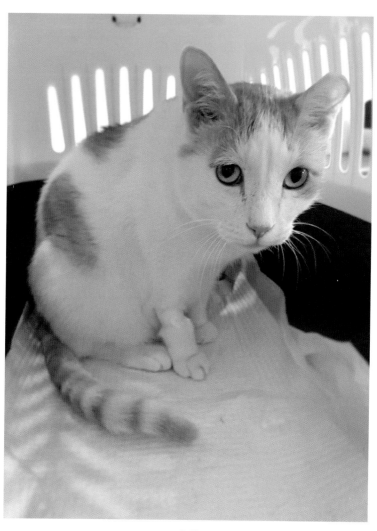

우울증에 걸린 다봉이를 병원에 데려가며.

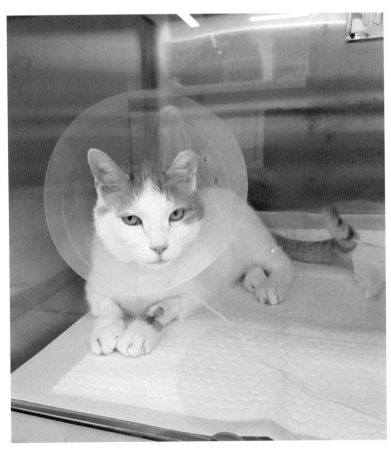

아! 집에 가고 싶은데...

집으로 돌아와 쉬고 있는 다봉이.

안녕,
새롬아

다봉이와 함께 키울 고양이를 알아보다 얼마 전 D병원에서 봤던 길고양이가 생각났다. 며칠 후에 안락사를 시킬 거라고 했던 아이였다. 생각난 김에 그 길고양이를 보러 병원을 찾았다. 한 살쯤 된 길고양이는 철창 안에 갇혀 있었다. 철창 틈으로 앞발을 내밀며 알아들을 수 없는 말로 중얼거리는 녀석이 이상하게 내 마음을 끌었다. 마치 나를 좀 살려달라고 애원하는 것 같았다.

원래 이 길고양이는 어느 주차장에서 살다시피 하는 녀석이었다고 했다. 종종 주차된 차 보닛에 올라가곤 했는데, 차주가 그것을 못마땅하게 여기기도 하고 주차장주인과 마찰이 발생하기도 했다고 한다. 이런 일이 반복되자 주차장주인은 주차장에서 멀리 내보내야겠다고 생각, 박스에 담아 오토바이를 타고 인근 산에 버렸다고 했다. 그리고 마음이 좋지 않아 사흘 뒤 그 장소로 가보니 길고양이는 그곳에 꼼짝 않고 있었다고 했다. 주차장주인은 다시 길고양이를 데리고 D병원에 안락사를 요청했다고 했다.

D병원 원장이 안락사를 시키려는 순간, 이 길고양이와 눈이 마주쳐

안락사는 하지 못하고 좁은 철창 속에 몇 달째 가둬둔 상태라고 했다. 가슴 한편이 찌르르 아파왔다. 원장은 길고양이에게서 눈을 떼지 못하는 내게 당부하듯 말했다.

"애교도 많고 똑똑한 앤데…… 같이 키우는 게 다봉이에게도 좋을 거예요."

나는 사무실로 돌아가 아내에게 병원에서 만난 길고양이 이야기를 꺼냈다. 내 이야기를 전해들은 아내는 나와 함께 병원을 찾아가 그 길고양이를 살폈다. 다봉이처럼 하얀 몸체에 얼굴부터 등 그리고 꼬리까지 갈색과 검은색이 뒤덮여 있었다. 무엇보다 똘망똘망 눈을 가진 예쁜 고양이가 우리의 마음을 순식간에 사로잡았다.

"이름은 어떻게 하면 좋겠어요?"

아내가 길고양이와 나를 번갈아보며 물었다.

"새롬이 어때. 우리가 새롭게 키운다는 뜻으로."

나는 이 길고양이가 아픈 기억은 잊고 우리와 함께 새로이 시작했으면 했다. 새롬이, 새롬이…… 몇 번을 입안에서 굴려보던 아내는 만족스럽다는 듯 웃었다.

"새롬아, 이제 우리랑 같이 살자. 알았지?"

자그맣게 울어대던 새롬이는 금방 제 이름을 알아듣는 눈치였다. 똑똑한 아이였다.

케이지에 들어간 새롬이는 집으로 가는 내내 울어댔다. 쉰 목소리로 어찌나 크게 울어대던지, 운전하기가 쉽지 않을 정도였다. 어디론가 저를 버리러 간다고 생각하는 듯했다. 탈탈거리는 오토바이 소리를 들으며 낯선 곳에 버려졌던 기억이 낙인처럼 머릿속에 박혀 있는 모양이다.

"우리 집으로 간다, 같이 잘 지내자."

지금은 네게 낯설지 몰라도 곧 익숙해질 우리의 집으로 가자. 제 울음소리에 막혀 들리지 않을 줄 알면서도, 나는 가는 내내 녀석에게 말을 건넸다. 그렇게라도 녀석에게 내 마음이 전해졌으면 했다.

거실에서 케이지를 열어주자, 새롬이는 후다닥 집안 어딘가로 숨어버렸다. 다봉이가 그랬듯 이 녀석에게도 시간이 필요할 터였다.

하루가 채 가기도 전에, 새롬이는 냉장고 위에 떡하니 올라가 있었다. 이 방, 저 방을 총총거리며 살펴보더니 안심할 만한 곳이라 여긴 듯했다. 생각보다 빨리 집에 적응하는 것 같아 조금씩 안심이 됐다. 퇴원을 하고 돌아올 다봉이와도 친밀하게 지내기를 바랐다.

새식구가 된 새롬이.

아빠 침대는 따뜻하고 좋다~

신경전

다봉이는 새롬이가 집에 온지 이틀이 지나 퇴원을 했다. 며칠 새 살이 빠진 다봉이는 퇴원을 하긴 했지만 기력을 완벽히 회복한 것은 아니었다. 그래서인지 처음 보는 새롬이를 무심히 넘겨버렸다. 넉넉한 품을 가진 성격 덕도 있었을 것이다. 하지만 새롬이는 달랐다. 다봉이가 등장할 때부터 경계를 하기 시작했다. 소파에 앉아 있는 다봉이가 제 영역을 침입한 거라고 여기는 것 같았다. 녀석은 조용히 전투를 치를 준비를 했다.

처음 새롬이가 한 대 때렸을 때 다봉이는 눈만 껌뻑였다. 대응을 하려 해도 제 몸을 마음대로 움직일 체력이 되지 않았던 터였다. 겨우 목숨을 건지고 돌아온 상태였으니. 제 반만 한 몸집의 새롬이에게도 꼼짝하지 못했다. 슬금슬금 저를 피하는 다봉이가 만만해진 새롬이는 캣타워의 제일 높은 자리를 차지했다. 그때 새롬이는 다봉이가 제 밑에 있다고 자신했다.

그 뒤로도 새롬이는 심심하면 다봉이를 괴롭혀댔다. 새롬이가 제 앞을 가로막고 위협을 가할 때나, 별 이유 없이 한 대 때릴 때마다 다봉이는 억울한 듯 야옹, 하고 짧게 울어댔다. 나름의 서열이 정해졌으면 다봉이와 사이좋게 지내도 될 텐데, 아직 어려선지 아니면 여전히 불안한 탓인지 새롬이는 내내 다봉이를 못살게 굴었다.

시간은 다봉이 편이었다. 다봉이가 건강을 되찾고 예전의 몸으로 되돌아오자 진정한 서열다툼이 시작됐다. 언제나처럼 자신을 공격하던 새롬이에게 다봉이가 달려들었다. 이전처럼 그저 맞고만 있을 줄 알았던 다봉이가 전혀 다른 반응을 보이자 새롬이는 깜짝 놀랐는지 쇳소리를 내며 다봉이를 공격했다. 다봉이는 전에 없이 집요하고 끈질기게 공격했다. 다봉이가 이렇게 무섭게 싸우는 것을 본 건 처음이었다. 그동안 새롬이에게 당했던 것을 분풀이라도 하는 모양이었다. 그렇게 다봉이는 새롬이를 눌렀다. 그리고 다시 캣타워의 제일 높은 자리를 찾았다.

서열이 확실해지자 다봉이는 예전의 너그러움을 되찾았다. 새롬이의 장난을 받아주기도 하고, 내 옆자리를 차지하려는 새롬이를 보고는 슬쩍 자리를 피해주기도 했다. 이런 상황이 반복되자 새롬이는 저를 봐준다는 생각은 못하고 다시 다봉이에게 달려들기 시작했다. 똑똑하고 눈치 빠른 새롬이인데도 왜 이럴 때는 시샘과 욕심에 눈이 가려지는지 모를 일이다.

한두 번은 다봉이도 장난으로 받아줬다. 하지만 어느 날엔가는 안 되겠다 싶었던지, 새롬이를 길에서 만난 정적처럼 매섭게 달려들었다. 다봉이의 굵고 단단한 소리와 새롬이의 날카롭고 거친 소리가 집안을 울렸다. 다봉이는 전과 달리 새롬이를 봐줄 생각이 없었다.

평화는 얼마 지나지 않아 찾아왔다. 단단히 혼쭐이 난 새롬이는 다봉이의 위치를 인정하게 됐다. 새롬이가 수그러들자 다봉이도 새롬이를 받아들였다. 어린 여동생을 살뜰히 보살피는 오빠처럼 새롬이와 어울리는 다봉이를 보면 마음이 놓인다. 서로에게 기대 잠을 자거나 다봉이 뒤를 졸졸 따르는 새롬이를 보면, 두 녀석을 키우기로 결정한 것이 잘한 일이었단 생각이 든다.

생명이 있는 것은 홀로 있으면 외로움을 느끼게 마련이다. 그 공허함을 채울 수 있는 것은 결국 내 옆의 또 다른 생명이다, 다봉이와 새롬이처럼.

다봉이를 쫓아다니며 괴롭히는 새롬이.
결국 캣타워 자리를 차지했다.

다봉이 오빠! 한번 붙어볼래?!

새롬아 나 가만히 있는데 왜, 또!

다봉이 오빠야 나 건드리지 마라.

신경전이 잠잠해지고
평화가 찾아왔다.

그렇게
함께

모처럼 한가한 저녁. 퇴근을 하고 돌아오면 아무 것도 하고 싶지 않은 날이 있다. 종일 복잡했던 머릿속과 지친 몸을 쉬게 놔두고 싶은 그런 날. 다봉이는 먹이를 주는 내 손과 말투로 그런 기분을 알아채는지 산책을 나가자 조르지 않는다. 다만 캣타워에 앉아 그루밍을 하며 내 기분을 가만 살필 뿐. 그럴 때면 소파에 앉아 텔레비전을 보며 긴장됐던 몸과 마음을 늘어뜨리곤 한다.

하지만 새롬이는 다봉이와 다르다. 슬금슬금 소파와 소파 사이로 숨어든다. 그리곤 앞발을 슬쩍 빼 나를 툭 친다. 그러면 나는 모른 체 시치미를 떼고 있는 새롬이의 머리를 톡 두드린다. 잠시 잠잠하다 다시 새롬이의 앞발이 툭, 나는 다시 새롬이를 톡. 새롬이는 이 터치 게임을 즐겨한다. 제 딴에는 내 관심을 끄는 데다 나를 독차지할 수 있어 좋은 모양이었다. 다봉이가 그런 새롬이와 나를 보고 있다. 그런 다봉이의 시선이 느껴져,

다봉아.

하고 불러본다. 어쩌면 저를 따돌린다고 생각할 수도 있겠다 싶어 다

봉이의 눈치가 보인다. 다봉이는 내 말을 들었을 텐데도 못 들은 척이다. 일부러 딴청 부리는 녀석이 귀여우면서도 삐칠까 걱정돼 새롬이와 장난을 치면서도 다봉이 이름을 계속 불러본다. 이렇게 새롬이와 내가 둘이서 놀 때는 관심 없는 척 하던 다봉이지만, 침대에서는 돌변한다.

원래 다봉이는 거실 소파에서 잠을 잤다. 하지만 새롬이가 침대 위에서 나와 함께 자는 것을 본 뒤로는 다봉이도 침대에서 자는 것을 고집하기 시작했다. 침대 절반이 다봉이와 새롬이의 자리가 되다 보니, 아내는 조금씩 밀려나 몇 년 전 독립한 작은아들의 방에서 생활하게 됐다.

안방 침대 위에는 베개 바로 밑과 침대 끄트머리에 방석 두 개가 각각 놓여 있다. 두 녀석이 모두 원하는 자리는 베개 밑, 내 얼굴 쪽 방석이다. 하지만 언제나 그 자리는 다봉이 차지이다. 서열은 잠자리에서도 통하는 거니까. 그렇게 얼굴 있는 쪽에는 다봉이, 다리 쪽에는 새롬이가 몸을 뉘이다가도 번뜩 새롬이가 제 자리를 못마땅하게 여길 때가 있다. 그럴 때면 새롬이는 다봉이에게 다시 덤벼든다. 힘으로나 체격으로나 새롬이보다 우위에 있는 다봉이는, 몇 번의 공격으로도 새롬이를 침대 밖으로 떨어뜨릴 수 있다. 새롬이는 분통이 터져 제 화를 못 이기다 다시 침대위로 올라와 다봉이를 한 대 때리고 도망간다. 그렇게라도 해야 속이 시원한 모양이었다.

이 정도의 선에서 마무리되면 다봉이는 얌전히 잘 준비를 한다. 하지만 새롬이가 다시 다봉이를 건드리게 되면 다봉이는 서열이 허물어졌다고 생각하는지, 보는 사람이 질릴 정도로 새롬이와 엉겨 붙어 싸운다. 사실 싸운다는 표현보다는 거의 일방적으로 공격한다는 말이 더 적합하지만.

중간에서 괴로운 건 나였다. 털이 날리기도 하고, 알레르기 때문에 눈이 더 가려워 견디기 힘들 정도가 되기 십상이었다. 녀석들을 말려보기도 하고, 둘을 갈라놓기도 해봤지만 소용없다. 그럴 때는 별 수 없이

　이 녀석들아, 안 돼. 그만해.

　하고 단호하게 두 녀석들에게 목소리를 높인다. 큰 소리에 놀란 두 녀석이 눈을 동그랗게 뜨고선 나를 바라본다. 그 얼굴을 보고 있노라면 화가 났던 마음도 녹아들기 마련이지만, 쉽게 무너져서는 안 될 일이다. 전과 달리 무뚝뚝하게 보고 있는 나를 보며 두 녀석들은 아무 일 없었다는 듯 제 자리에 누워 얌전히 나를 기다린다. 어떤 날은 다봉이가 슬며시 거실로 나가 새롬이에게 제 자리를 양보하기도 한다.

　모든 상황이 마무리되면 녀석들을 안고 쓰다듬는다. 내가 안고 머리를 토닥이거나 등을 쓰다듬으면 작고 어린 목소리로 야옹, 하고 짧게 툴툴거린다, 방금 전의 내 목소리와 얼굴이 너무도 야박스러웠다는 듯.

　그럼 이제 싸우지 말자, 알았지?

　나는 녀석들의 타박에 등을 쓰다듬으며 조용히 다독인다. 내 곁에 더 가까이 있고 싶어 하는 존재가 있음이 감사한 일이지만, 매번 이런 식은 곤란했다. 알아들었다는 듯 대답을 하는 녀석들이지만, 침대 자리 쟁탈전은 여전히 진행 중이다.

　전쟁은 새롬이의 도발에서부터 시작된다. 그리고 평화는 다봉이의 도발마저도 수용하는 다봉이에게서부터 열린다. 아마도 새롬이는 자신을 받아주는 다봉이의 넉넉한 품을 알기에 마음껏 집적거리는 것일

지도 모르겠다. 때문에 새롬이는 다봉이에게 지더라도 늘 의기양양했
다, 까미와 얼룩이를 만나기 전까지.

침대 위 쪽은 항상 다봉이 차지.

싸우다가도 어느새 같이 앉아있는 둘.

오빠야 벌써 자나?! 놀자~

새롬이 때문에 잠이 안오네.

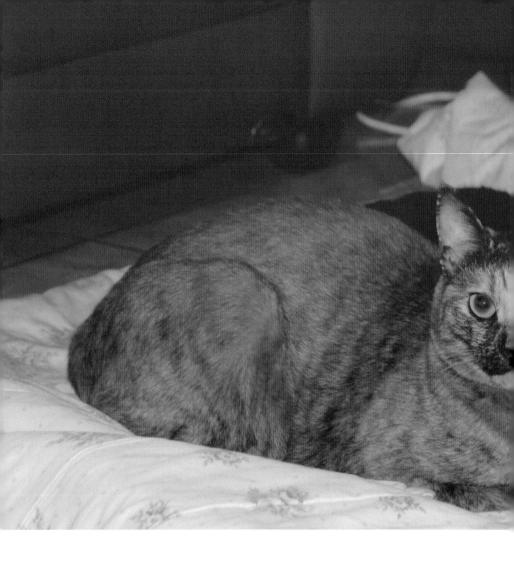

제 2부
까미와 얼룩이

까미와의
첫 만남

까맣고 눈이 노란 고양이를 만난 것은 2014년 여름이었다. 서점 입구 주차된 내 차 밑으로 골목 길고양이들이 하루에도 몇 번씩 방문을 한다. 다봉이와 인연이 닿으면서 차츰 다른 길고양이들에게도 챙기기 시작한 것이 시작이었다. 차 밑에 사료와 물을 한 번씩 갖다놓다가 지금은 하루에 두어 번씩은 미리 마련해둔다, 길고양이들이 언제든 허기를 채울 수 있도록. 길고양이들 사이에서도 일종의 커뮤니티가 있는 것인지, 어쩌다 한 번씩 처음 보는 길고양이가 차 밑으로 들어올 때가 있었다. 이 고양이도 그중 하나였다.

처음에는 배고픔에 잠깐 들른 거겠지, 싶었다. 고양이들마다 제 영역이 있기 마련이니까. 실제로 배를 채우고 다시는 모습을 보이지 않는 고양이들도 있었다. 하지만 이 고양이는 그렇지 않았다. 적어도 한 번은 차 밑으로 숨어 들어와 사료를 먹고 목을 축였다. 윤기 흐르는 까만 몸을 둥글게 말고 있는 녀석을 가만 보고 있노라면, 낌새를 알아챈 녀석이 내 쪽으로 고개를 돌렸다. 흔들림 없는 노란 눈동자를 보고 있으면 몰락한 왕족의 후손을 대하는 듯했다. 나는 이 고양이를 까미라 부르기로 했다.

서점에 오는 길고양이들은 사료를 허겁지겁 먹는 녀석들이 있는가 하면, 주변의 눈치를 보며 오도독 씹어 먹는 녀석들이 있기도 하다. 또는 사료를 더 달라며 아내를 부르거나 서점 안으로 들어왔다 겁이 나 차 밑으로 숨어드는 녀석들도 있었다. 까미는 이들과 달랐다. 까미는 다른 녀석들이 먹다 바닥에 흘린 사료를 주워 먹고 난 후에야 밥그릇으로 눈을 돌렸다. 사료 한 알 한 알을 소중하게 생각하고 아끼는 그 모습에 묘한 감동을 받았다. 겸손하고 소박한 행동에 나도 모르게 조금씩 마음이 갔다.

다봉이를 만나고, 새롬이를 입양해 키우면서 더는 길고양이에게 마음까지 주지 않겠다고 결심한 지 2년이 지난 때였다. 물론 매번 작심삼일이 되기는 했다. 하긴, 어떻게 길고양이들에게 마음을 주지 않을 수 있을까. 그럼에도 매번 단단히 마음먹었다, 길고양이들에게는 사료와 물을 챙겨주는 정도까지만 하겠노라고. 나에게 마음을 준다는 의미는 다봉이와 새롬이처럼 온전히 책임진다는 말과 같았다. 또 다른 길고양이들을 나와 가족의 삶으로 받아들이기에는 부담스러운 부분들이 존재했다.

하지만 마음이라는 것이 옭아맨다고 해서 해결되는 것이 아니었다. 정이라는 것도 마찬가지였다. 하루 이틀, 한 달 두 달 이렇게 시간이 흐르자 까미는 조금씩 서점에서의 생활을 즐기기 시작했다. 서점 구석에 앉아 있는 까미의 모습에서 오래 전 다봉이가 생각났다. 까미를 내보낼 수 없었다. 잠시 망설이다 까미 앞에 저만을 위한 사료와 물그릇을 내려놓았다.

이렇게 서점은 까미의 영역이 됐다. 까미는 서점 입구에 앉아 있다가도 후다닥 밖으로 뛰쳐나가곤 했다. 그럴 때는 백발백중, 서점 앞에 사료를 먹으러 오거나 먹고 있는 길고양이를 내쫓기 위해서였다. 그간 별 문제없이 굶주림을 해결했던 길고양이들은 이제 까미의 눈치를 살펴야 했다. 먹고 살아가는 생존 경쟁은 사람이나 동물이나 별반 다를 게 없었다. 눈칫밥을 먹는 길고양이들이 마음에 걸려 까미를 야단치려고 하면, 까미는 어느 결에 내 옆으로 다가와 볼을 부비며 애교를 부렸다. 귀엽고 사랑스러운 그 모습에 나는 또 무너질 수밖에.

어느새 나도 까미의 영역이 돼 버렸다.

서점에 자리잡은 까미.

까미와
새끼고양이들

  돌아보니 겨울이 와 있었다. 계절이 바뀌었다고 해서 크게 달라질 것은 없었다. 업에 매여 있다 보니 오늘이 어제 같고, 내일 같기도 했다. 서점에 드나드는 길고양이들도 별다를 게 없었다, 까미를 제외하면.

  어느 날 까미의 배가 부른 것을 알았다. 임신이었다. 배가 제법 나오고 나서야 새끼를 뺐다는 걸 알게 됐으니, 출산할 때가 얼마 남지 않은 것 같았다. 임신을 한 고양이는 처음이라 아내와 나는 뭘 어떻게 해줘야 할지 알지 못했다. 할 수 있는 거라고는 까미의 건강을 챙겨주는 수밖에는 없었다. 닭을 삶아 살을 찢어주거나, 삶은 명태를 까미가 올 때마다 먹였다. 아내가 그런 까미를 보살피느라 고생이었다. 제 몸을 챙겨주는 것을 아는지, 까미는 넙죽넙죽 잘 받아먹었다. 준비한 음식을 배불리 먹어주는 걸 보는 것도 재미였다.

  그렇게 두 달여가 지났을 때, 까미의 배가 홀쭉했다. 출산을 한 모양이었다. 그렇게 윤기가 흐르던 까미의 털은 빛을 잃고 꺼칠꺼칠하고 볼품없게 변해버렸다. 까미는 새끼고양이들을 돌보느라 제 몸은 뒷전인 어미가 돼 있었다. 아내와 나는 닭가슴살과 삼겹살 그리고 명태와 대구 등을 준비해 까미에게 줬다. 그러면 까미는 이리저리 살피는 듯하다가 물고 어디론가 가버렸다. 아무래도 새끼고양이들에게 가져다주려는 모양이었다. 나는 새끼고양이가 몇 마리인지, 어디서 생활하고 있는지 알아보려 까미 뒤를 쫓아보기로 했다.

까미는 언제나처럼 삶은 대구를 물고 서점을 나섰다. 뒷골목 주택가로 들어선 까미는 내가 뒤따르는 것도 모른 채 제 길을 졸랑졸랑 열심히 갔다. 큼직한 대구를 물고 가는 게 버거운지 한 번씩 쉬기도 하면서 새끼고양이들에게로 가고 있었다. 까미는 골목 중간쯤에 있는 미용실 담을 넘고 사라져버렸다. 그 뒤로는 찾을 수 없었다.

다음 날 까미는 서점에서 닭가슴살을 물고 어제의 길을 되돌아갔다. 나 역시 그 뒤를 따랐다. 미용실 담을 넘은 까미는 다시 미용실 뒷집 담을 넘어갔다. 미용실 뒷집은 돼지국밥 식당이었다. 나는 새끼고양이들과 까미가 안전한 곳에서 생활하는지 확인하고 싶었다. 그래서 식당 주인에게 부탁해 식당 근처를 살펴보기로 했다. 식당 뒤편은 식당 물건들이 쌓여 있는데다 공간도 좁아 확인하는 데 어려움이 있었다. 이리저리 둘러보다 혹시나 싶어 슬레이트 지붕을 올려다봤다. 새끼고양이들은 지붕 밑에 있었다. 지붕 틈이 넓은 것도 아니라 확인된 것만 두 마리였다. 어른 주먹만 한 크기의 녀석들을 보니, 까미를 더 잘 챙겨야겠다는 생각이 들었다.

그 뒤로 까미가 올 때마다 녀석을 쓰다듬으며 중얼거렸다.

"까미야, 다음에는 새끼고양이들하고 같이 와서 밥 먹어."

내 말을 알아듣는지, 먹을 것을 들고 가다 말고 뒤돌아서 나를 바라보곤 했다. 이때까지만 해도 까미도, 나도 무슨 일이 벌어지게 될지 알지 못했었다.

새끼들을 돌보러 가는 까미.

계단 밑 까미 새끼들.

서점으로
이사 왔어요!

2015년 4월은 영업과 판매를 하느라 시간이 늘 모자랐다. 국내외 의학서적 판매를 하고 있는데, 이때는 특히 3-4년에 한 번씩 출간되는 내과 교과서가 출간돼 부지런히 영업을 해야 했다. 인터넷이나 E-Book이 보편화된 탓에 예전만큼 실적이 좋지 않으니, 더 꾸준히 할 수밖에 없었다. 24일 금요일에 대구로 출장을 가는 이유도 그래서였다.

돼지국밥 식당에 대한 이야기를 들은 것은 20일 월요일이었다. 새끼고양이들이 지붕에서 뛰는 소리를 듣고 식당 손님들이 쥐가 뛰어다닌다고 오해한다고 했다. 자초지종을 듣고도 꺼림칙해하는 손님들에 식당 주인은 결국 지붕에 있는 고양이들을 내쫓고 지붕을 막아버리는 공사를 하겠다고 했다. 공사는 24일 금요일에 할 예정이랬다.

식당이라면 청결이 우선시 되어야 하니, 공사를 하려는 식당 주인의 마음을 이해 못할 것은 아니었다. 하지만 까미와 새끼고양이들이 걱정이었다. 갑자기 집을 잃었을 때 갖게 되는 상실감을 어떻게 채워야할지 마음이 아팠다. 나는 고심 끝에 공사 전에 고양이들을 데리고 오기로 했다. 목요일로 출장을 당겼다.

목요일 새벽, 대구로 출발했다. 대구에는 경북대학교병원을 비롯한 대형병원이 대여섯 개 있었고, 각 진료과를 방문하려면 사실 하루로는 시간이 턱없이 부족했다. 병원을 돌며 영업을 하는 일은 기다리는 것이 8할이었다. 바쁘게 움직이는 의사선생님들이 잠깐 한가해진 그 틈을 비집고 들어가 관련 학과 서적에 대해 안내를 해야 했다. 문제는 그 한가한 틈이 일정하게 주어지지 않는 데 있었다. 평소 같으면 느긋하게 기다렸겠지만, 까미와 새끼고양이들이 마음에 걸려 자꾸만 마음이 조급해졌다.

아내에게서 전화가 온 것은 오후 4시쯤이었다. 출장 중에는 가급적 연락을 하지 않는 아내였기에, 걱정스러운 마음이 먼저 들었다.

"까미가 제 새끼를 물고 여기 왔는데."

모두 네 마리의 새끼를 데리고 왔다고 했다. 조금 흥분한 듯한 아내의 말에 깜짝 놀랐다. 내일 식당이 공사를 한다는 것을 알았던 것일까, 아니면 언제든 새끼고양이들을 데리고 오라는 내 말을 기억하고 있었던 것일까. 신기한 일이었다. 아내와 통화를 하고 나자 더는 일이 손에 잡히지 않았다. 나는 서둘러 출장을 마무리하고 부산으로 내려왔다.

서점에는 어른 주먹만 한 크기의 새끼고양이들이 옹기종기 책장에 올라가 있었다. 어미처럼 온몸이 까만 녀석도 있었고, 회색빛이 돌거나 얼룩덜룩한 녀석도 있었다. 아마도 사람을 처음 보는 것일 새끼고양이들은 나를 보자 샥, 하고 경계의 소리를 냈다. 어미가 곁에 없으니 더 무서웠을지도 몰랐다.

"까미는?"

아내에게 까미의 안부를 묻는 사이, 때맞춰 까미가 들어왔다. 이번에는 새끼고양이 한 마리를 물고 있었다. 뒤늦게 데려온 새끼고양이와 까미까지 해서 총 여섯, 이 대가족의 집과 화장실이 마련되지 않았지만 밖으로 보낼 수는 없었다. 별 일 없기를 바라며 서점에 두고 퇴근할 수밖에.

다음 날은 아침부터 빗방울이 떨어졌다. 고된 날씨를 피해 어제 우리를 찾아온 까미가 다시 한 번 더 신통하게 느껴졌다. 집에서 여분의 화장실과 고양이모래를 들고 출근을 했다. 서점은 엉망진창이 돼 있었다. 바닥에는 새끼고양이들의 오줌이 흥건했고, 택배용으로 쟁여둔 종이박스는 발톱으로 긁어 종이가루들이 바닥에 흩뿌려져 있었다. 책장이나 서점 안쪽에 놓아둔 서적들을 건드리지 않은 것만으로도 감사하게 생각해야 할 정도였다. 나와 아내는 어디서부터 손을 대야 할지 막막했다. 까미는 우리의 눈치를 슬쩍 보더니 밖으로 나가버렸다. 새끼고양이들은 이미 우리를 피해 구석구석으로 숨어든 뒤였다.

몇 분 후 까미가 모습을 보였다. 이번에도 새끼고양이 한 마리를 입에 물고 있었다. 까미는 마지막 새끼고양이를 서점 안으로 데려오고 나서야 바닥에 길게 드러누워 하품을 크게 했다. 나는 이 대가족들을 부양할 일이 걱정이 되면서도, 나를 향한 까미의 신망이 기분 좋기도 했다. 길고양이들에게 정을 주지 않겠다 다짐한 것은 애초부터 지킬 수 있는 게 아니었다. 어쩌면 까미와 눈이 마주치고, 녀석의 머리를 처음으로 토닥였던 그날, 나는 언제든 까미를 받아들일 준비를 하고 있었던 것인지도 몰랐다.

까미가족이 돼지국밥집에서 서점으로 피신와 책장에 옹기종기 모였다.

계단집
대가족

생활을 하는 데 기본 요소, 의식주. 이 고양이가족들에게도 예외일 수는 없었다. 옷이야 제외한다고 치면, 먹을 것과 집이 있어야 했다. 먹이와 물은 당장에라도 줄 수 있었지만 집은 그렇지 않았다. 나는 전에 다봉이 나무집을 만들어줬던 목공소를 다시 찾아갔다. 목공소 사장님은 다른 작업이 밀려있어 며칠 기다려야 한다고 했다. 나는 의지할 곳 없이 서점 곳곳에 숨어 있는 새끼고양이들을 생각해 오늘 꼭 필요하다며 간곡하게 부탁했다. 끈질긴 요청에 사장님은 결국 까미 가족의 집을 만들어줬다.

까미 가족이 일곱이라는 것 때문인지, 고양이와 개가 비슷하려니 생각한 것인지 사장님이 만든 나무집은 커다란 개가 한 마리 살 법한 모양새였다. 다른 것은 다 넘기더라도 크기가 너무 커 서점 안에 두기는 무리였다. 거기다 녀석들이 좋아해줄지도 알 수 없었다. 고민을 하며 겨우 서점에 가지고 왔다.

이리저리 위치해보아도 답이 나오지 않았다. 괜히 짐이 된 것 같아 심란해하던 찰나, 2층으로 올라가는 계단 밑이 생각났다. 나무집은 계단 밑에 맞춘 듯 들어맞았다. 안에 담요를 깔고 화장실도 옆에 놓아둔 뒤, 까미를 데려갔다. 까미는 만족스러운 듯 새끼고양이들과 함께 집으로 들어갔다. 이렇게 까미네 대가족의 계단집 생활이 시작됐다.

까미는 물론이거니와 새끼고양이들도 계단집에서 편안함을 느끼는 듯했다. 나를 보면 어미 곁으로 가까이 갈 뿐, 전처럼 숨거나 도망가지는 않았다. 나는 새끼고양이들에게 이름을 붙여주기로 했다. 네 마리는 어미처럼 까맣게, 다른 한 마리는 얼룩덜룩하게 태어났다. 나머지 한 마리는 회색 모피에 다리만 하얬다. 우선 회색 모피 새끼고양이는 사람이 양말을 신은 것 같아 양말이라고 이름을 붙였다. 누렇게 얼룩덜룩 새끼고양이는 얼룩이라고 부르기 시작했다. 까만 새끼고양이들 중 한 마리는 다른 녀석들보다 꼬리가 짧아 짜리, 낯가림 없이 호기심 많고 명랑한 또 다른 한 마리는 새미라고 지었다. 나머지 두 녀석에게 어울릴 만한 이름이 생각나지 않아 좀 더 생각해보기로 했다.

새끼고양이들은 하루가 다르게 무럭무럭 자랐다. 두어 달이 지나자 새끼고양이들이 먹는 사료양도 늘어났다. 계단집에서 서로 장난치며 뒹구는 새끼고양이들을 보면서 예전부터 생각했던 까미의 중성화수술을 하기로 마음먹었다. 지금은 이곳을 제집으로 여기고 있지만, 언제 다시 노상으로의 삶을 선택할지 알 수 없었기 때문이다. 나는 며칠 뒤 구청에 까미의 중성화수술(TNR)을 신청했다.

중성화수술을 한 까미는 감염 위험이 있어 새끼들이 젖을 빨지 못하도록 해야 했다. 새끼고양이들이 여전히 습관처럼 까미의 젖을 찾았기 때문이다. 까미의 젖에 식초를 발라보기도 했고 환묘복을 입혀보기도 했다. 까미도 제 상처 부위를 건드리지 말도록 넥카라를 씌웠다. 그 노력 덕인지 새끼고양이들은 어느 순간 어미의 배에서 물러났다. 그리고는 까미의 곁을 지키면서 저희들끼리 토닥토닥 놀았다. 수술대에 올랐다 온 어미의 피곤함을 알아차린 모양이었다.

　까미는 제 주위에서 얼쩡대며 귀찮게 하는 새끼고양이들을 일일이 보듬었다. 가족들이 오순도순 살아가는 모습이 정겹게 보였다. 그간 일에 치여 가족들과 많은 시간을 공유하지 못했던 것이 문득 후회됐다. 저 까미 가족들처럼 함께 있는 순간순간이 즐겁고 감사하다는 것을 진작 알았다면 충실히 즐겼을 텐데 아쉬웠다. 아들들이 독립해 따로 살고 있는 지금, 함께 생활했던 시간들이 그리워졌다. 오늘은 오랜만에 아들들과 삼겹살에 술 한 잔 하며 그간 못 봤던 얼굴을 실컷 봐야 할 것 같다.

중성화 수술을 받은 후 쉬고있는 까미.

얼룩이 새끼 때 노는 모습.

서점 계단집에서 노는 까미네 식구들.

여름별장

여름이 다가오고 있었다. 기상청에서는 예년보다 더 더워질 거라는 전망을 내놓았다. 워낙에 더위를 많이 타는 나는 여름이 본격적으로 시작되기 전인데도 후텁지근한 기분이 들었다. 조금씩 가까워오는 여름이 느껴지자 계단집이 마음 쓰였다.

여름날, 서점으로 통하는 철문과 건물의 후문 사이에 있는 계단 밑은 문을 닫아 놓으면 바람이 통하지 않아서인지 아니면 열이 고이는 것인지 후끈할 정도로 뜨거웠다. 3층과 4층에서 생활하는 입주자들 대부분은 후문을 잠그고 다녔고, 에어컨을 틀어놓는 서점의 문은 자연스레 닫아놓기 마련이었다. 그렇기에 복도 1층은 여름이면 늘 찜통이었다. 까미 가족이 들어오면서부터 후문은 더더욱 열 수 없었다. 후문 밖 좁은 골목은 오토바이나 자동차들이 늘 오고갔고, 혹시나 모를 사고가 걱정됐다. 하지만 계단집을 나와 건물 대리석 바닥에 드러누워 더위를 식히는 까미네 가족을 보면 마냥 이대로 보고만 있을 수는 없었다.

며칠 동안 고민을 한 끝에 바람이 잘 드는 집을 만들어주기로 했다. 서점 건물과 옆 식당 건물 사이에는 50cm 정도 되는 간격이 있었는데, 그 사이는 맞바람이 부는 데다 그늘이 져 서늘한 공기가 머물곤 했다. 그 틈을 향해 열려 있는 창문을 입구 삼아 집을 만들어준다면, 까미네가 지내기에 더할 나위 없을 것 같았다. 나는 옆 식당에 사정을 설명하고 동의를 구했다. 그런 뒤 바닥과 천장을 제외한 나머지 부분이 철망으로 된 집의 구조를 그리기 시작했다. 집안에 바람은 오가더라도 장맛비에 젖지 않아야 했다. 몇 번이나 새로 고쳐 그린 뒤에야 만족스런 집의 형태가 나왔다. 그 설계도를 가지고 목공소로 향했다.

목공소에서는 내 까다로운 요구가 그대로 반영된 집을 만들어줬다. 계단집에서 견디기 힘든 여름에 까미 가족이 지내게 될 일종의 별장이었다. 막연하게 상상했던 집을 눈앞에서 보자 얼른 돌아가 생각했던 장소에 놓아주고 싶었다. 그리고 완공된 집을 본 까미 가족의 반응이 보고 싶기도 했다.

여름별장은 건물과 건물 사이 간격에 꼭 맞게 지어졌다. 바깥에서 보면 공중에 떠 있는 듯 보이는 이층 구조였다. 까미 가족은 건물 창문을 통해 여름별장을 자유로이 오갈 수 있었다. 나는 완공된 여름별장 안에 까미를 앉혔다. 까미는 마음에 드는지 갸르릉 거렸다. 몇 분이 지나지 않아 까미가 새끼고양이들을 불렀고, 녀석들은 어미 곁으로 모여들었다. 까미 가족들이 시원한 바람을 맞으며 오순도순 노는 모습을 보니, 별장을 잘 마련해줬다는 생각이 들었다. 가정집에서 지내는 것만큼은 아니겠지만, 편하게 지냈으면 하는 마음이었다.

후에 까미 가족이 이곳을 떠났을 때, 여름 별장은 골목 길고양이들의 사랑채로 변했다. 늘 먹을 것이 마련돼 있는 데다 비도 피할 수 있어 즐겨 찾아오는 듯했다. 가을에는 날씨가 제법 쌀쌀해 철망으로 된

데를 비닐로 여러 겹 막아 잠시나마 따뜻하게 지내고 갈 수 있게 했다. 까미 가족만을 위해 만들었던 공간이 모두의 것으로 확장된 게 너무나 기분 좋았다.

* 까미 가족의 여름 별장이자 골목 길고양이들의 사랑채였던 이곳은 2018년 7월
  옆 식당의 리모델링으로 결국 철거되었다.

목공소에서 만든 까미가족의 여름 별장.

계단 별장의 내부 모습.

동네 길고양이들의 쉼터가 되었다.

새끼고양이와의
이별

양말이가 입양됐다.

양말이의 새로운 가족은 까미 가족이 이사 오면서부터 종종 간식을 들고 오는 근처 대학 병원 직원이었다. 그 직원도 고양이를 키우고 있다고 했다. 가끔씩 고양이 사진을 보여주기도 했는데, 순한 녀석이라 혼자 있는 게 내내 마음 쓰인다고 했다. 오래 전 우울증에 걸렸던 다봉이 생각이 났다.

"혼자 있으면 더 마음 써줘야 할 거예요."

"예, 맞아요. 실은 한 마리를 더 키워볼까 생각 중이기도 해요."

직원은 집고양이의 친구를 마련해주고 싶다고 말했다. 그때는 그렇게 대화가 마무리됐는데, 한 달쯤 지났을 때 직원이 다시 말을 꺼냈다. 새끼고양이들 중에 한 마리를 입양했으면 한다고 했다. 그게 양말이었다.

며칠을 고민하다 분양을 해주기로 마음먹었다. 이곳보다 집안에서 생활하는 편이 양말이에게는 더 좋을 것 같았다. (양말이를 데려간 후에도 직원과 간간이 연락을 주고받았다. 한동안은 낯을 가리고 숨어 있기만 해서 고생을 했지만, 어느 정도 시간이 지나고 나자 제 환경을 받아들이고 다른 고양이와도 잘 지낸다고 했다. 다행이었다.)

문제는 까미였다. 양말이가 없어진 것을 알게 된 까미는 건물의 계단과 서점을 돌아다니며 찾아다녔다. 까미가 양말이를 찾는 울음소리는 차마 들을 수 없을 만큼 비통했다. 자식을 잃은 부모 마음이 저렇게도 애절하구나 싶었다. 아무리 달래도 까미는 내 말을 듣지 않았다. 그렇게 사흘 동안 까미는 제대로 먹지도 않고 자식을 찾아다녔다. 미안한 마음과 함께 후회가 밀려들었다. 그때 나는 앞으로 어떤 일이 있어도 더 이상 분양은 하지 않기로 마음먹었다. 남은 까미 가족을 끝까지 책임지겠다고 결심했다. 하지만 모든 일은 사람의 뜻대로 되는 것이 아니었다.

양말이의 입양 후 애달파하는 까미를 겨우 진정시킨 며칠 뒤 토요일이었다. 점심때쯤에는 결혼식에 참석해야 해서 평소보다 일찍 출근을 했다. 내가 주차해 놓는 서점 입구에 승용차 한 대가 주차돼 있었다. 승용차를 빼달라고 차주에게 전화했고, 그가 금방 와서 제 차를 빼갔다. 흔히 있는, 별 다를 게 없는 날이었다. 그 후 결혼식에 참석하려 가야로 출발했고, 웨딩홀에 주차할 곳이 마땅치 않아 근처 대형마트에 차를 댔다.

아내에게서 전화가 온 것은 결혼식이 끝나고 지인들과 식사를 하던 중이었다.

"새끼 세 마리가 없어져서 까미가 울고 난리 났어요."

까미가 없어진 새끼 고양이들을 찾느라 공영주차장을 헤매고 다닌다고 했다. 나는 서둘러 식사를 마무리하고 사무실로 돌아갔다.

골목을 몇 바퀴 돌고 돌다 서점으로 온 까미의 눈은 퉁퉁 부어 있었다. 눈물 때문에 눈을 뜨지 못했다. 고양이는 슬플 때 눈물을 흘리지 않는다고 하지만, 적어도 내가 본 고양이들에게는 해당되지 않았다. 자식을 잃어버렸다는 불안과 고통 그리고 슬픔에 눈물을 쏟고 또 쏟아냈다. 까미의 얼굴이 애처로워 차마 볼 수 없었다. 그 아픔이 내게도 전해져 눈물이 나왔다.

서점에 있는 CCTV로는 새벽까지만 해도 이리저리 뛰어 노는 새끼고양이 다섯 마리를 확인할 수 있었다. 하지만 지금은 아무리 찾아봐도 얼룩이와 새미, 두 녀석밖에는 보이지 않았다. 짜리와 아직 이름을 붙이지 못한 두 마리가 사라진 것이다. 도대체 어디로 갔는지 귀신이 곡할 노릇이었다. 그러다 문득 까미가 위험하다며 새끼고양이들을 부르던 모습이 생각났다. 새끼고양이들이 자동차 보닛에 오르거나 들어갔을 때였다. 까미가 주차된 차들마다 새끼고양이들을 찾아다녔다는 것도 혹시나 하는 생각을 조금씩 확신으로 바꾸기에 충분했다.

아침에 승용차 차주가 왔을 때, 보닛을 확인해보지 못한 게 후회됐다. 혹시나 내 차에 실려 갔나 싶어 참석했던 결혼식장 근처 대형마트에 가서 확인 요청을 해봤지만, 특별한 경우를 제외하고는 CCTV 확인이 불가하다고 전해왔다.

남아있는 얼룩이와 새미를 생각해 계단집으로 까미는 돌아왔다. 퉁퉁 부어 눈을 제대로 뜨지 못한 채 얼룩이와 새미를 보살피는 까미를 보자 마음이 너무 아팠다. 나는 까미의 등을 쓰다듬으며 위로했다. 그런 나를 보는 까미의 얼굴이 처연했다.

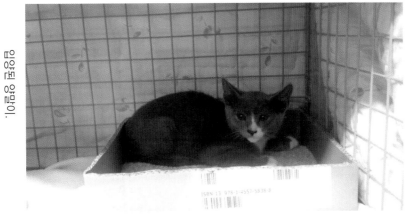

앙큼한 얼굴이.

온화한 얼굴.

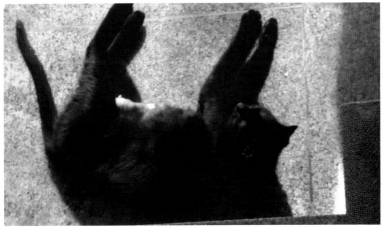

새끼고양이와의 이별.

가출

새끼고양이들이 그렇게 사라지고, 까미는 내내 우울해했다. 그런 까미의 마음을 대변이라도 하듯 여름비가 내렸고, 후문 입구의 센서등은 켜질 생각도 없어 어둑어둑했다. 얼룩이와 새미도 어미의 마음을 아는지 내내 까미 옆에 붙어 움직일 생각도 하지 않았다.

　까미의 세 가족이 사라진 것은 그런 날들이 지속되던 어느 새벽이었다. 까미는 얼룩이와 새미를 데리고 집을 나가버렸다. 출근을 하면 제일 먼저 찾게 되는 게 계단집이었다. 간밤에 무사히 잘 지냈는지 궁금하기도 하고, 무엇보다 상심해 있을 까미가 마음 쓰여 자주 들여다보게 됐다. 그런데 그날은 아무도 없었다. 평소 같으면 밖으로 산책을 갔겠거니 했겠지만, 기분이 묘했다. 골목을 이리저리 기웃거리며 까미를 찾았던 것은 그 때문이었다. 까미를 찾을 수 없었다.

　이곳에 있다가는 제 새끼들을 잃어버리겠다는 불안이었을까 원망이었을까. 애지중지하던 품안의 자식이 네 마리가 없어졌으니 얼마나 원통했을까 싶지만, **한편으론 섭섭한** 마음이 들기도 했다. 아무런 언질도 없이 사라져버린 까미가 서운했다. 애써 마음을 다잡아 봤지만 일

130

이 손에 잡히지 않았다. 까미와 새끼고양이들 퇴근시간이 훌쩍 넘은 뒤에도 결국 모습을 보이지 않았다. 아내와 나는 계단집 앞에 사료와 물을 넉넉히 마련해두고 퇴근을 했다.

　다음 날 사료는 줄어 있었다. 화장실에도 고양이 배설물이 있었다. 새벽에 누가 다녀간 흔적이었다. 바람일지도 모르겠지만 나는 그것이 까미 가족이라고 생각했다. 여전히 서점 근처에서 생활하고 있을 거라 짐작하고 싶었는지도 모르겠다. 아무튼 이렇게라도 녀석들의 흔적을 찾아볼 수 있어 다행이었다. 나와 아내는 그 뒤로도 계단집 앞에 사료와 물을 놓고, 화장실 청소하는 것을 게을리 하지 않았다. 덧붙여 나는 계속 까미를 찾아다녔다. 어디에 터를 잡았는지 확인이라도 해야 할 것 같았다.

　그날도 습관처럼 까미를 찾아 골목을 돌고 있을 때였다. 골목 입구에 있는 식당, '석정' 사장님이 나를 불러 세웠다. 까미 가족이 어디 있는지 알아냈다고 했다. 사장님이 가르쳐 준 곳은 식당 건물 뒤편에 있는 좁은 공간이었다. 사람이 드나들 수도 없는 좁고 가느다란 곳에 새끼고양이 두 마리와 함께 지내고 있다고 했다. 어디에서 살고 있는지 알게 됐지만, 마음이 놓인 것은 아니었다. 소낙비만 쏟아져도 물이 고일 것 같아 새끼고양이들이 지내기에는 마땅치 않았다.

　게다가 다음 날 새벽부터는 큰비가 내린다는 예보가 있었다. 혹 비가 많이 내린다는 것을 알고 까미가 새끼고양이들을 데리고 오지 않을까, 하는 마음에 밤늦게까지 기다렸지만 모습을 보이지는 않았다. 다음 날은 평소보다 더 빨리 출근을 했다. 예보했던 대로 새벽부터 비가 많이 내려 걱정이 앞섰다. 혹시나 싶어 계단집으로 갔다. 그곳에는 까미가 새끼고양이 두 마리와 함께 있었다.

까미가 고맙기도, 미안하기도 했다. 마음이 놓이면서도 가슴이 찡했다. 앞으로는 새끼고양이들을 잘 챙겨주겠노라 다짐했다. 까미도 그런 내 마음을 읽었는지, 그 뒤로는 잃어버린 새끼고양이들에 대한 생각을 하지 않으려 했다. 예전처럼 바깥으로 산책을 하러 가기도 하고, 새끼고양이들과 장난을 치며 여유를 즐기기도 했다.

그새 덩치가 커진 얼룩이와 새미는 점차 활동 범위를 넓혀갔다. 조심성보다 활기가 넘치는 얼룩이와 새미는 서점 뒤편 주차장에서 주로 놀았다. 장소가 장소이니만큼, 혹시나 자동차 보닛 안으로 들어갈 수도 있어 신경을 써야 했다. 실제로 CCTV를 보고 출차하려는 자동차를 차주의 동의를 얻어 보닛을 열어본 적이 있었다. 엔진 위에 한껏 몸을 옹송그린 채 있던 얼룩이와 새미가 후다닥 달아났다. 그런 새끼고양이들이었기에 까미는 늘 안절부절못했다. 나 역시도 조마조마한 마음에 까미 가족을 집으로 데려갈 것을 고민한 적 있지만, 포기해버렸다. 다른 것보다도 고양이 알레르기 때문이었다. 다봉이와 새롬이 두 마리가 있는 지금도 매일이 견디기 힘든데, 까미 가족까지 합세하게 되면 더 고달파질 것 같았다. 그래서 까미 가족, 특히 얼룩이와 새미를 전보다 더 살펴보는 것으로 대신하기로 했다. 오늘도 주차장 쪽으로 설치된 CCTV를 자세히 들여다본다, 까미 가족의 안녕을 기원하면서.

별장에서 쉬고있는 까미 가족. 새미와 얼룩이.

서점에서 얼룩이와 새미.

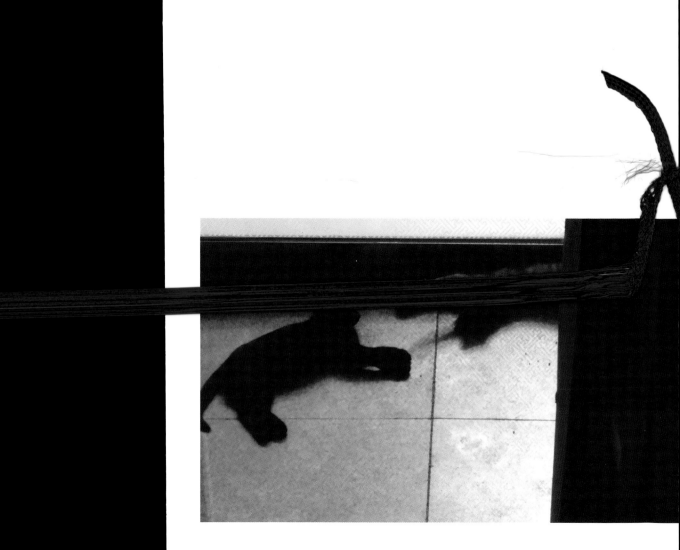

새미의 사고

까미 가족이 가출을 했다 돌아온 지 한 달이 지났다. 떠나간 새끼고양이 생각에 마음을 잡지 못하던 까미도 안정을 찾아가고 있었고, 얼룩이와 새미는 우당탕 서로 어울리며 우애를 키워갔다. 까미는 그런 새끼고양이의 모습을 보며 위안을 얻었을지도 모르겠다. 나 역시도 얼룩이와 새미가 고마웠다.

그러던 쨍한 햇빛이 쏟아지던 2015년 06월 12일 한낮. 서점 뒷골목에 비명 소리가 울렸다. 2층 사무실에서 업무를 보고 있던 나는 소리에 놀라 밖으로 달려 나갔다. 그곳에는 머리가 깨진 새미가 피를 잔뜩 흘린 채 쓰러져 있었다. 몇 발자국 앞에는 퀵 오토바이 기사가 헬멧도 벗지 않은 채 멀뚱히 서 있었다. 오토바이에 치인 것이다.

골목길에서 오토바이가 얼마나 세게 달렸는지, 놀란 새미가 도망가다 오토바이에 받혔다. 그 충격에 새미는 공중으로 붕 떠 건물 벽에 머리를 부닥쳤다. 건물 벽과 길바닥 모두 피투성이였다. 새미는 숨을 가쁘게 몇 번 쉬더니 결국 숨을 멈추었다. 새미의 온도가 차갑게 식어가는 것이 느껴지자 눈물이 나왔다. 가슴이 미어지는 듯했다. 언제 왔는지 까미가 어쩌지 못하고 새미 옆을 빙글빙글 돌기만 했다. 어떻게 된 일인지 설명해 달라고, 나에게 부탁하는 것 같았다. 까미의 눈을 보자 차마 입을 뗄 수 없었다. 가슴이 찢어진 듯 눈물만 계속 나왔다. 새미의 사고를 처음부터 목격했던 얼룩이는 겁에 질린 채 어미만 부르고 있었다.

나를 믿고 새끼고양이들을 데리고 온 까미였다. 새끼고양이 여섯 마리에서 얼룩이 하나만 곁에 두게 된 어미의 마음이 쉬이 헤아려지지 않았다. 그저 미안한 마음뿐이었다.

아내가 슈퍼에 가서 하얀 창호지를 사왔다. 나는 죽은 새미를 창호지로 싸서 박스에 담았다. 박스 안에 새미가 즐겨먹던 사료를 함께 동봉하는데 왜 그렇게 눈물이 나던지.

- 새미야, 미안해. 좋은 곳으로 가서 행복하게 지내. 엄마와 얼룩이는 내가 데리고 갈게.

새미가 들어가 있는 박스를 보고 있으려니 가슴이 찢어지는 듯했다. 더 이상 이런 일이 있어서는 안 된다는 생각뿐이었다. 나는 까미와 얼룩이를 집으로 데려가야겠다고 마음먹었다.

까미는 여전히 새미가 사고 난 자리를 뱅글뱅글 돌고 있었다, 그것 말고는 할 수 있는 게 아무 것도 없다는 듯이. 서점으로 들어가 아내에게 까미와 얼룩이를 데려다 키우고 싶다고 말했다. 오늘 일어난 사고가 믿기지 않는지, 고개를 끄덕이는 아내의 눈가가 번들거렸다. 나는 다시 까미에게로 향했다. 까미는 내가 아무리 불러도 돌아보지 않았다.

그런 까미의 마음을 대신하듯 이슬비가 부슬부슬 내렸다. 까미는 어둑어둑한 골목 구석에 앉아 꼼짝도 하지 않고 새미가 마지막에 누웠던

자리를 보고 있었다. 그 모습을 더는 볼 수 없었다. 나는 그날 까미와
얼룩이를 집으로 데려갔다.

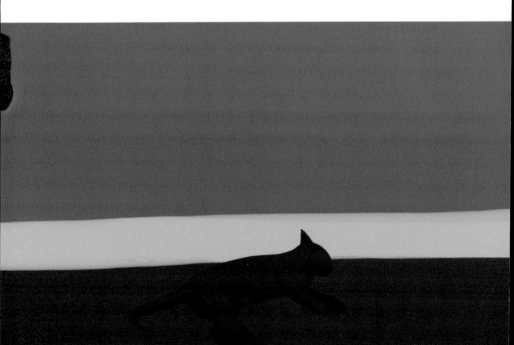

까미와 새미.

제 3부
다봉이와 새롬이,
까미와 얼룩이

새롬이의 텃세

까미와 얼룩이의 자리는 베란다에 마련해줬다. 까미와 얼룩이는 베란다 어디론가로 후다닥 달아나 버렸다. 다봉이와 새롬이가 어리둥절하게 쳐다봤다. 시간이 지나자 까미가 조금씩 모습을 보였고, 얼룩이도 어미의 뒤에 숨어 따라 나왔다. 까미와 얼룩이는 베란다 캣타워에 자리를 잡았다. 다봉이는 언제나 그렇듯 까미와 얼룩이에게도 너그럽게 품을 내줬다. 하지만 새롬이는 그렇지 못했다. 제가 자주 올라가던 캣타워에 다른 녀석들이 차지하는 게 마땅찮은 모양이었다.

새롬이의 공격은 참을성이 없었다. 내가 잠깐 다른 곳을 봐도 까미와 얼룩이를 공격했다. 까미와 얼룩이는 매섭게 달려드는 새롬이가 무서워 도망가고 숨었다. 새롬이가 까미의 마음의 상처를 알지 못하는 게 안타까웠다. 알았다면, 아무리 욕심 많은 새롬이라도 조금은 아량을 베풀 수 있었을 텐데. 한편으로 새롬이가 이해되지 않는 것도 아니었다. 제 영역을 처음 보는 녀석들에게 내어줄 수는 없었을 테니까.

그래서 나는 안방 쪽 베란다에 있는 큰 박스들을 치워 까미와 얼룩이가 지낼 캣타워를 만들어줬다. 새롬이의 공격에 까미와 얼룩이가 계속 불안해했기 때문이다. 시간이 지나 새롬이의 마음이 진정되면 해결될 일이라 생각했다. 새롬이가 예민한 것이 캣타워 때문인 것 같아 반대편 베란다에 캣타워를 하나 더 만들었다. 원래의 것은 새롬이와 다봉이에게 다시 돌아갔다. 하지만 새롬이는 여전히 날카로웠고, 까미와 얼룩이는 불안을 감추지 못했다. 나는 새롬이의 공격을 막으려 베란다에 칸막이를 설치했다.

하지만 시간이 지나도 새롬이는 까미와 얼룩이에 대한 적대를 거두지 않았다. 오히려 더 집요하게 까미와 얼룩이를 못살게 굴었다. 두 녀석 중 하나라도 거실을 기웃거리기라도 하면 새롬이는 득달같이 달려와 공격을 했다. 그것은 조금씩 집에 적응해가는 까미와 얼룩이에게는 참 힘든 고비였다.

베란다에서만 생활하는 건 까미와 얼룩이에게 갑갑한 노릇이었다. 베란다 방충망을 머리로 들이밀며 자꾸 밖으로 나가려 한 것은 제한된 생활이 견디기 힘든 탓도 있을 것이다. 길에서 자유로이 거닐던 녀석들이니 오죽 답답할까 싶기도 했다. 까미와 얼룩이를 눈엣가시로 보는 새롬이가 처음으로 얄미워졌다. 새롬이에게는 캣타워의 문제가 아니었다, 까미와 얼룩이가 그저 싫었을 뿐.

새롬이의 고약한 성미 때문에 힘들어진 건 까미와 얼룩이뿐만이 아니었다. 나에게도 견디기 힘든 여름이었다. 더위를 많이 타는 터라 여름이면 에어컨을 틀어야 하는데, 실외기 소리에 까미와 얼룩이가 매번 놀라니 작동할 수가 없었다. 다봉이에게 새롬이를 잘 타일러보라고 말해보지만, 다봉이도 별 수가 없는 듯 고개를 돌리고 만다.

상황이 이렇다 보니 난감하게 되었다. 애초 내가 생각했던 상견례는 이런 것이 아니었다. 다봉이처럼 까미와 얼룩이 두 모녀를 다정하게 대하는 것까지는 이제 바라지도 않는다. 그저 새롬이가 까미와 얼룩이를 건드리지 않고, 같이 생활하는 동거인으로 인정만 해도 좋을 것 같다.

까미와 새롬이가 싸우지 못하게 만든 칸막이.

까미와 얼룩이의 처음 아파트 생활.

까미와 얼룩이를 위해 만든 캣타워.

그들만의 리그

까미와 얼룩이가 새롬이의 눈을 피해 거실로 잠입에 성공했다. 베란다에서만 생활하는 건 녀석들에게는 고문일 터였다. 흥분한 기색을 누르고 거실과 방을 돌아다니다 새롬이와 마주치게 되면 하악, 하고 새롬이의 공격을 받아야만 했다. 베란다를 나와 집안을 돌아다녀야 숨통이 트이는 까미와 얼룩이 두 모녀와 이 녀석들이 베란다에서 지내는 것도 못 마땅하게 여기는 새롬이 간의 전쟁은 이미 시작되고 있었다.

불씨를 당긴 것은 새롬이였다. 새롬이가 언젠가부터 밤에 잠을 자지 않고 거실을 서성였다. 저 자는 틈에 까미와 얼룩이가 들어올까 방지하려는 것이다. 석 달이 넘도록 밤낮으로 보초를 서느라 지친 새롬이는 조금씩 몸이 야위어갔다. 그러지 말라고 다독이며 새롬이를 안고 방으로 들어가도 녀석은 비틀거리며 거실로 향했다. 그렇게 퀭하던 녀석이 까미와 얼룩이만 보면 날카로운 이빨을 드러냈다.

까미가 사료를 평소보다 많이 먹기 시작한 것이 이때부터였다. 한두 번은 배가 고팠나보다 하고 넘겼지만, 그것이 계속 되자 뭔가 심상찮았다. 까미는 새롬이와의 전투를 준비하고 있었던 것이다. 싸움에서

이기려면 몸집을 키우는 것이 먼저라고 생각한 모양이었다. 까미는 새롬이를 피해 도망 다니면서도 부지런히 사료를 먹어 몸을 단단하게 만들었다.

새롬이의 공격에 까미가 맞선 것은 그로부터 3개월이 지난 후였다. 늘 도망만 다니던 예전과는 달리 까미는 당당히 맞서 싸웠다. 처음 보는 반응에 당황했던지 새롬이가 조금씩 싸움에서 밀렸다. 그 뒤로 몇 번의 싸움이 있었지만, 새롬이가 물러나는 결과는 비슷했다. 이렇게 되자, 새롬이는 까미를 예전처럼 쉽게 생각하지 않았다. 까미가 거실에 들어와도 애써 못 본 척 고개를 돌려버렸다.

그렇게 넉 달쯤 지나자, 까미와 얼룩이가 거실에서 지내는 시간이 길어졌다. 새롬이의 활동 영역이 그만큼 줄어들었다는 뜻이다. 지기 싫어하는 새롬이 입장에서는 그야말로 분통 터질 노릇이었다. 그런 새롬이가 제일 만만한 것은 얼룩이였다. 까미 없이 얼룩이 혼자 있는 걸 볼 때마다 공격을 했다. 새벽이라도 틈만 보이면 달려들었다. 그럴 때마다 얼룩이는 고통에 찬 비명을 질렀다(새벽에 울리는 정체모를 비명에 얼마나 깜짝 놀랐는지 모른다). 새끼의 고통스런 소리에 까미는 순식간에 나타나 새끼를 보호하며 새롬이를 막아섰다. 몇 번의 격투에도 새롬이는 늘 밀렸고 그럴 때마다 돌아설 수밖에 없었다. 어느 샌가 새롬이는 까미보다 서열이 낮아져 있었다.

상황이 이렇게 되자, 까미는 제가 보는 앞에서 일부러 얼룩이가 새롬이를 공격하도록 했다. 새롬이를 놀리듯 몇 번 때리던 얼룩이는 까미 뒤로 자리를 옮기기 일쑤였다. 저보다 덩치도 작은 녀석이 덤벼대니 울화가 치밀었지만, 그 뒤에 까미가 있으니 새롬이로써는 방법이 없었을 것이다. 매번 이런 식이니, 새롬이는 별 수 없이 안방에 틀어박혀 생활할 수밖에 없었다. 이렇게 새롬이가 거실에서 밀려나면서 이들의 서열다툼은 어느 정도 마무리가 됐다.

지금 새롬이는 내가 퇴근을 하고 집으로 돌아와야 마음껏 집안을 돌아다닌다. 까미, 얼룩이와 사이좋게 지내는 다봉이를 보며 새롬이는 무슨 생각을 할지. 애초에 그렇게 매정하게 굴지 않았다면 좋았지, 하고 속말을 건네 보지만 뒤늦었다. 새롬이가 까미와 얼룩이에게 한 것을 생각하면 밉기도 하지만, 예전처럼 주방과 거실을 마음 편히 갈 수 없는 녀석을 보면 안타깝고 불쌍하다. 이제라도 네 녀석들이 사이좋게 지내기를 바란다면 욕심일까.

아~ 방안에만 있으니 심심하다.

다시
중성화수술

어느 정도의 서열 정리가 끝났을 무렵, 까미의 배가 불룩해진 것을 발견했다. 아주 잠깐 임신을 의심했었지만, 까미는 이미 몇 개월 전에 중성화수술을 했었다. 자궁과 난소를 들어내는 수술이라 임신일 가능성은 거의 없어 보였다. 까미의 배를 살짝 만져보니 물컹, 하고 혹 같은 게 느껴졌다. 이상한 느낌에 다솜고양이메디컬센터로 향했다.

다봉이 때부터 인연을 맺어온 병원에서는 까미를 반갑게 맞아줬다. 하지만 내가 사정을 설명하자 분위기가 심각해지더니 검사를 시작했다. 결과는 탈장이었다. 아무래도 앞서 했던 중성화수술이 잘못돼 탈장이 된 것 같다고 했다. 까미에게 미안했다. 왜 녀석에게는 미안한 마음이 먼저 생기게 되는지. 까미는 결국 전신마취를 하고 탈장수술을 해야 했다. 처음부터 이곳에서 중성화수술을 할 걸, 하고 후회됐다.

수술을 끝내고 집으로 돌아와 얼룩이 옆에 앉는 까미를 보자 그간 녀석의 행동들이 생각났다. 탈장된 몸으로 제 새끼를 보호하려 필사적으로 새롬이와 싸우고 방어해왔음을 알게 되니, 까미에게 더욱 미안해졌다.

며칠 뒤 얼룩이를 중성화시키려 얼룩이를 찾았다. 어느 덧 생후 6개월이 넘었으니 중성화수술을 받을 나이였다. 내성적이고 겁이 많은 얼룩이는 까미 말고는 한 번도 제 곁을 내어준 적이 없었다. 성격 탓도 있겠지만, 그것보다는 어렸을 때의 기억들이 얼룩이를 발목 잡는 게 아닐까 마음이 쓰인다. 양말이를 분양할 때, 양말이의 고함 소리를 가장 가까이에서 들은 게 얼룩이었다. 그때부터 사람들의 손을 본능적으로 거부하는 데 그럴 때마다 마음이 아프고 가여웠다. 게다가 새미의 허망한 마지막까지 지켜보았으니, 그 충격이 오죽할까 싶다.

때문에 얼룩이를 잡아 케이지에 넣기가 마음처럼 쉽지 않았다. 조금만 가까이 가도 경계를 하다 후다닥 달아나버렸다. 기다란 철망으로 얼룩이의 탈출로를 이리저리 막았지만 얼룩이를 붙잡을 수 없었다. 온 가족이 달려들어도 마찬가지였다. 온몸이 땀으로 범벅이 됐다. 그렇다고 포기할 수 없었다. 다른 무엇보다도 얼룩이의 건강을 위해 중성화수술은 반드시 진행되어야 했다.

몇 시간 동안 노력한 끝에 얼룩이가 마침내 작은방 구석에서 잡혔다. 얼룩이가 잡히는 것을 본 까미가 내 주위를 서성였다. 겨우 얼룩이를 케이지에 넣고 까미에게 말했다.

"오래오래 같이 살려고 그러는 거니까 걱정 하지 말고 있어. 금방 올게."

까미의 등과 머리를 쓰다듬었다. 내 말을 알아들었던 것인지, 까미는 얼룩이가 든 케이지와 나를 불안해하면서도 보내줬다. 나를 믿고 있는 까미의 마음이 전해지는 것 같아 어쩐지 가슴 한 편이 뭉클해졌다.

얼룩이는 병원에 도착해서도 울지 않았다. 위험할 때 내지르는 비명 말고 얼룩이가 소리 내는 것을 들어본 적 없었다. 공포에 질린 것인지,

아니면 울음소리 내는 것을 잃어버린 건지 알 수 없었다. 입을 꼭 다문 채 테이블 위에 있는 것을 보니 안쓰러웠다. 무서우면 무섭다고 고래고래 소리를 지르는 새롬이가 차라리 나을 듯 했다.

　30여분 정도의 수술을 끝내고 마취까지 끝내자 한 시간 정도 시간이 소요된 듯싶었다. 집으로 가는 동안에도 얼룩이는 여전히 아무 말도 없었다. 케이지 안에서 오롯이 저 혼자 버티는 녀석이 대견하면서도 마음이 아팠다. 집에 도착하자 현관 앞에 있던 까미가 얼룩이부터 반겼다. 얼룩이는 까미에게 얼굴을 부비며 자신의 무사귀환을 알렸다. 서로의 위안이 될 수 있는 존재가 있다는 게 다행이라는 생각과 함께, 얼룩이가 내게도 마음을 내어주는 날이 오길 바라본다.

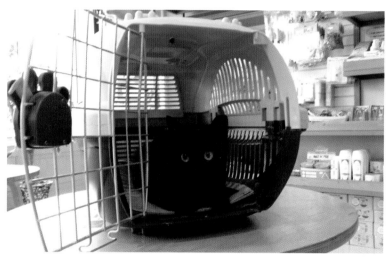

탈장 수술을 위해 병원을 찾은 까미와
중성화 수술을 받은 얼룩이.

까미의
복수혈전

늘 새롬이의 공격을 받아오던 까미가 새롬이를 꺾고, 얼룩이마저 새롬이를 공격하게 된 후로 새롬이는 안방에서만 지내게 됐다. 몇 개월 간 보초를 서며 까미 가족이 거실에 올까 경계하던 녀석이 풀이 죽어 거실을 나올 생각을 못하니 사정이 딱하게 됐다. 한편으로는 제 새끼를 지키기 위해 몸집을 키워 새롬이를 이긴 까미가 새롭게 보이기도 했다. 순하다고만 생각했던 까미는 하지만, 이 집에 처음 왔을 때의 설움을 잊지 않고 있었다.

  밤에 잠을 자고 있다가 앙칼진 고양이들의 소리에 놀라 깬 것이 수십 번이었다. 까미가 안방에 들어와 새롬이를 공격하는 것이다. 두 녀석의 싸움에 수면이 부족해지니 그저 불쌍하게만 생각했던 까미가 미워졌다. 그러지 말라고 했지만, 까미는 모른 척 내 손등에 제 머리를 비빈다. 까미의 눈동자를 보고 있으면 오죽 마음에 맺힌 게 많으면 저럴까, 하고 납득이 되기도 했다. 새롬이가 얼룩이를 공격할까 싶어 거실에서 잠도 제대로 자지 못하는 녀석이었다.

  그렇게 불편한 동거가 계속 이어지는 와중에도 얼룩이는 조금씩 성

154

체의 모습을 갖춰갔다. 어느 덧 녀석은 어미만큼 몸이 커졌다. 몸집으로는 밀리지 않는다 여겼던지, 얼룩이는 그동안 마음에 쌓아두었던 한을 풀기라도 하듯 새롬이에게 덤비기 시작했다. 처음에는 제 뒷배에 까미가 있을 때에만 새롬이를 공격했다. 그러다 곧 까미의 비호가 없이도 새롬이에게 달려들었다. 얼룩이에게 반격을 하려 했지만, 생각했던 대로 얼룩이를 누를 수는 없었다. 결국 새롬이는 얼룩이에게 제 서열을 내주었다.

까미는 이제 편히 잠을 잘 수 있게 됐다. 새롬이가 가끔 나를 방패삼아 거실로 나오면, 내 눈치를 보며 새롬이를 노려본다. 예전 새롬이가 자신들에게 그러했듯 공격할 틈을 찾는 것이다. 마음만 먹는다면, 공격할 순간은 언제든 있었다. 새롬이가 다니는 길목에 잠복을 하다 새롬이가 나타나면 할퀴려 드는 것이다. 그런 까미에게 몇 번 당한 새롬이는 화장실도 쉽게 가지 못한다, 화장실에서 볼일을 보려는 순간에도 공격을 당하곤 했으니.

어느 날 밤엔가는 작은아들 방에서 잠을 자던 아내가 소스라치게 놀란 적이 있었다. 갑자기 축축하게 젖어든 침대 때문이었다. 정신을 차리고 보니, 화장실 가는 게 무서워 새롬이가 침대에서 볼일을 본 것이다. 이불을 몇 번이나 빨아도 사라지지 않는 고양이 오줌냄새에 고민하다 안방 베란다에 새롬이 전용 화장실을 마련해줬다. 까미를 볼 때마다 오금이 저릴 정도로 두려워하는 새롬이인지라, 까미가 오지 못하도록 칸막이를 해두었다. 가까이 갈 수 없는 것을 억울해하며 까미는 칸막이 주변을 서성거린다. 새롬이는 까미의 기척만으로도 볼일 보는 것을 어려워했다.

왜 그렇게까지 몇 개월 동안 까미와 얼룩이를 못 살게 굴었는지. 모든 것을 차지해도 만족하지 못하는 새롬이를 알기에 이해를 하면서도 안타까운 마음이 더하다. 그동안 야박했던 새롬이의 행동이 결국엔 이 모든 상황을 만든 것이리라. 사람도 마찬가지지만, 동물들도 마음의 깊은 상처는 오래 가는 법이다. 녀석들이 원수처럼 지내는 것이 마음 아프다. 까미가 새롬이를 언제까지 미워할지. 까미가 이만하면 그간의 복수를 했노라고 손을 털어버리면 좋으련만.

　오늘도 새롬이는 나를 기다리고 있고, 까미는 새롬이가 제 앞을 지나 가기를 숨어 기다리고 있다. 어느 새 어른이 다 돼 가는 얼룩이는 그런 까미를 호위무사처럼 지키고 있다. 다봉이는 새롬이와 까미를 다독이 듯 짧게 야옹하고 운다. 치열한 질투가 있었고 싸움이 있었지만, 저 각 각의 사연이 있는 녀석들이 나와 함께 편안하게 지내는 것을 보는 게 좋다. 사업을 하며 겪어온 사람에 대한 배신과 절망을 이 녀석들의 나 를 향한 굳건한 믿음과 애정으로 치유를 받고 있다. 내가 받은 것만큼 나도 녀석들에게 마음을 다해 건강하게 주어진 삶을 마음껏 즐길 수 있도록 해줄 것이다.

새롬이 전용 화장실

다봉이와 새롬이 캣타워.

아빠는 왜 까미가족을 집으로 데리고 왔지?!

까미때문에 거실에도 못나가고 안방에만 있으니 답답하넹~

제법 덩치가 커진 얼룩이와
든든한 제편 까미.

새롬이 언니 거실은 내 구역이야, 왜 나와.

착한 다봉이 오빠는 좋아요.

나는 병원 안갈래!

병원에 데리고 갈까봐 캣타워에 숨은 까미.

엄마~ 새롬이 언니가 거실로 나왔어요!

엄마 새롬이 언니가 주방으로 갔어요~

새롬이 언니, 왜 내 화장실 쓰는거야!

화장실 간 새롬이 언니를 잡으려고 기다리는 까미.

다봉이오빠 놀아줘! 심심하다~

겁이 많은 얼룩이.

베란다 밖의 길냥이를 지켜보는 새롬이

아~ 잠온다

거실이 뜨뜻하니 눈이 감기네~

별책부록 1
서점 고양이들

골목의 넉살꾼,
행순이

2015년 11월 가을이 깊어가는 어느 날 노란 옷을 입은 길고양이 한 마리가 서점 앞에 왔다. 순한 생김새만큼 사람 말도 곧잘 따랐다. 사람을 무서워하지 않고 머리로 내 손바닥을 비비는 것을 보니, 누군가 키웠던 고양이 같았다. 때때로 고양이를 분양받을 때 생각했던 것과 키우는 것의 갭이 클 경우, 사람들은 쉽게 버리곤 했다. 그 갭이라는 것은 여러 이유가 있을 수 있는데, 이 고양이 경우는 질병이었다. 눈병은 물론이거니와 먹는 대로 설사를 하는 게 영 수상쩍었다. 이 고양이의 원 주인이 누구인지 짐작은 갔지만, 말 그대로 심증일 뿐이었다. 고양이 원 주인을 찾는 것보다 고양이의 진료가 먼저였다.

이틀 뒤, 다시 모습을 나타낸 길고양이를 데리고 다솜고양이메디컬센터로 향했다. 무명無名인 고양이는 병원에 등록할 수 없어, 이름을 행순行巡으로 지었다. 자동차와 오토바이 등을 이리저리 살피면서 돌아다니라는 뜻이었다. 그렇게 이름을 지어주고 검사 결과를 기다렸다. 얼핏 보기에도 눈의 상태가 좋지 않아 보였지만, 행순이의 몸 안에 흉측할 정도로 기생충이 많을 줄은 몰랐다. 거기다 구내염이 심해 이빨이 다 썩어가고 있어 통증이 상당했을 거라고 했다. 우선은 기생충을 제거해 설사를 치료하고, 눈병도 처치하기로 했다. 추후에 치과치료와 귀안에 있는 진드기를 치료하기로 하고 돌아왔다. 주사와 약을 처방받아 왔는데, 약을 먹이기 위해 행순이를 다시 서점에서 지내도록 해야 했다. 행순이의 몸 상태가 나을 때까지 이곳에서 보살피기로 했다.

약을 며칠 동안 먹이니 설사는 어느 정도 멈추는 것 같았다. 문제는 치아 상태가 좋지 않아 사료를 제대로 먹지 못한다는 데 있었다. 빨리 구내염 치료를 시작하는 게 좋을 것 같았다. 다음 주에 병원에 가서 자세히 확인해 보니, 발치를 할 정도로 심각한 상태였다. 우선 스케일링을 하고 이빨 두 개를 발치했다. 치과 치료를 받고 약을 먹으니 한결 나아지는 것 같았다. 마지막으로 진드기까지 치료했더니 건강했을 예전 모습으로 돌아왔다. 그동안 얼마나 괴롭고 힘들었을지, 생각하면 마음이 불편해진다.

조금만 더 관심을 기울이고 치료를 해줬다면, 잠깐 동안이라도 행순이가 고단한 삶을 살지 않아도 됐을 것이다. 가족이라면 아플 때 더 살뜰히 보살피는 게 옳은 일이었다. 고양이를 분양받아 왔을 때는, 가족이라는 이름으로 품에 안았을 것이다. 오롯이 책임질 수 없다면, 고양이를 키울 생각은 하지 않는 것이 좋다. 순간적인 감흥으로 무심코 데려오거나 버리는 거겠지만, 고양이들은 예민하게도 그런 감정을 쉽게 알아채버린다.

병원 치료가 끝난 뒤에도 행순이는 서점을 떠나지 않았다. 이곳에 제가 살아갈 곳이라고 판단한 것 같았다. 때때로 직원들 책상이나 의자에 부러 잠을 자 난감하게 할 때가 있었다. 일하지 말고 같이 놀자는 뜻이었다. 제 맘대로 되지 않으면 2층으로 올라와 내 컴퓨터 자판 위에 턱하니 앉아버린다. 별 수 없이 하던 일을 덮고 1층으로 내려와 장난감 낚싯대로 쥐놀이를 한다. 몸이 건강해지니, 원래의 밝고 넉살좋은 모습이 드러나는 듯 했다.

그런 성격은 다른 길고양이들까지 서점 앞으로 끌어당겼다. 노랭이, 반쪽이, 반달이, 방울이, 이뿐이, 삼순이, 길순이, 흰둥이, 흰둥이2, 루비, 대식이, 대동이, 똔똔이, 동식이 등… 매일같이 먹이를 달라 찾아오는 행순이 친구들이다. 어디에서 이렇게 많은 길고양이들을 데려오는지, 행순이를 보면 동화에서 나오는 피리 부는 사나이 같기도 하다.

행순이는 친구들과 같이 먹이를 먹고 휴식을 취하다 어딘가로 마실을 나가는 게 즐거워 보였다. 벗들과 어울리며 살아가는 모습에 나도 저렇게 살아봤으면 하는 생각이 들 때도 있다. 하지만 무엇보다 좋은 것은 행순이가 건강을 되찾았다는 점이고, 이곳에서 행복해하고 만족해한다는 것이다. 상처를 받았을 행순이가 나에게서 안정을 찾았다는 게 감사한 일인 것 같다.

의사선생님 책 주문 좀 해주세요~

전화오면 내가 받을꼬야~

행순이 친구,
노랭이

캬~ 기분 조오타!

서점이 있는 골목은 식당 대여섯 개와 공영주차장이 마주보고 있다. 한쪽에는 식당가가 다른 한쪽에는 자동차들이 한 줄로 주차돼 있으니, 고양이들이 좋아하는 모든 조건이 갖춰진 셈이다. 다른 곳에 터를 잡고 이 골목으로 먹을 것을 찾아 들어오는 녀석들도 있지만, 아예 골목에 터전을 정한 녀석도 있었다. 식당 지붕에서 생활하는 똑순이가 그랬다.

얼굴이 노랗고 온몸에 연한 흰색 띠가 둘러져 있는 녀석은 새끼고양이 두 마리의 어미였다. 지붕 안에서 얌전히 지내며 어미가 가져다주는 먹이를 먹던 새끼고양이들이 뛰어다니며 장난을 치니, 식당 주인이 마땅하게 생각할 리 없었다. 그래서 쫓아내기를 몇 번, 그럴 때마다 똑순이는 옆 식당 지붕으로 넘어가 새끼고양이들을 불러냈다. 새끼고양이 중 한 마리는 어미의 부름에 완벽하게 호응했다. 하지만 나머지 한 마리는 아니었다. 건너편 지붕으로 넘어가다 그대로 바닥에 떨어졌다. 시멘트 바닥이었다. 자지러지게 놀란 똑순이가 서둘러 내려와 제 새끼고양이를 부축하며 원래의 집으로 돌아갔다. 그 후로 한동안 새끼고양이들의 모습은 볼 수 없었다.

똑순이는 부지런히 먹이를 들고 날랐다. 어떤 날은 너그러운 식당에서 준 삶은 대구를 들고 가기도 했고, 사료를 몇 알씩 물고 식당 지붕으로 오르기도 했다. 사고가 난 날은 똑순이가 비둘기를 잡은 날이었다. 어찌나 꽉 물었던지, 비둘기는 몸을 어쩌지도 못하고 한쪽 날개만 겨우 퍼덕거리다 말았다. 그 날개에 눈이 가려 앞을 볼 수 없었던 똑순이는 골목을 달려오는 자동차에 목숨을 잃었다. 순식간에 일어난 일이었다.

그렇게 새끼고양이 두 마리만 남게 됐다. 새끼고양이들을 챙긴 것은,

공영주차장 사장님이었다. 원래 인정이 많기도 했지만, 똑순이의 사고를 직접 목격했기 때문에 아마도 더 각별했을 것이다. 주차장 사장님이 지붕 위에 삼겹살이나 사료 따위를 올려 챙긴 지 한 달 남짓, 식당 사장은 지붕을 폐쇄하겠노라 했다. 식당 사장의 입장도 이해가 됐지만, 새끼고양이들을 빼내지 않고 그대로 막아버리겠다는 말은 충격적이었다. 나는 그 식당을 찾아가 구출한 뒤에 공사를 해 달라 사정했다. 결국 식당 주인의 동의를 구하고 새끼고양이들을 꺼냈다. 지붕은 그 직후 메워졌다.

새끼고양이들은 신기하다 싶을 정도로 내 품에서 가만히 있었다. 당장 지낼 곳이 필요했다. 우선 주차장 사무실에 새끼고양이들을 잠시 맡겨두었다. 그리고 목공소에 가서 집을 만들어왔다. 새끼고양이들이 지낼 곳은 근처 식당 '석정'의 옥상으로 정해졌다. 새끼고양이들은 석정과 주차장 사장님의 정성으로 무럭무럭 자라났다. 이중 지붕을 건너다 떨어진 녀석이 행순이 친구, 노랭이였다.

행순이를 따라 서점에 자주 드나들던 노랭이는, 까미 가족의 여름별장에 터를 잡았다(이 여름 별장은 까미 가족이 우리 집으로 가게 되면서, 다른 길고양이들의 사랑채가 돼 버렸다). 옆에서 자주 보다보니, 노랭이가 숨 쉬는 게 너무 불편해보였다. 어찌나 호흡을 힘들게 하는지 금방이라도 넘어갈 것 같았다. 몇 번을 지켜보다 이대로는 도저히 안 될 것 같아 다솜고양이메디컬센터로 향했다.

노랭이는 물리적 충격으로 내장이 가슴 쪽으로 올라와 있다고 했다. 숨 쉴 공간이 부족해 호흡이 가쁘다는 것이었다. 지붕을 건너려다 떨어진 탓인 듯 했다. 원장님은 수술로 내장의 위치를 바로 잡아줄 수밖에는 없다고 했다. 어려운 수술이라 비용도 만만치 않았다. 금전적으로 고민이 됐다. 무엇보다 행순이 치료에 생각지 못한 금액이 들어간 터라 당장은 여유 자금이 없었다. 별 수 없이 노랭이를 데려오면서 세심히 관찰하기로 했다. 노랭이가 거친 숨소리를 들을 때마다 마음이 저렸다.

행순이의 치료가 무사히 끝난 몇 개월 뒤, 나는 다시 노랭이와 함께 병원을 찾았다. 수술을 생각하고 갔는데, 원장님께서는 수술 과정에서 노랭이가 잘못될 수도 있다고 했다. 수술 자체가 어렵기도 하거니와 장기를 정리하는 게 위험하다는 것이다. 오랜 고민 끝에 나는 다시 노랭이를 데리고 서점으로 돌아왔다. 서점에서 제 수명이 다하는 날까지 자연스럽게 살아가는 것이 좋을 것 같았다.

여름 별장에 누워 거친 숨을 몰아쉬는 노랭이의 등을 쓰다듬었다. 노랭이가 수술을 할 수 없다는 게 마음 아팠다. 안타까운 만큼, 녀석이 이곳에서 편하게 지낼 수 있도록 최선을 다해주겠다고 마음먹었다. 노랭이가 눈을 감고 편안히 휴식을 취했다. 행순이가 그런 노랭이 옆에 나란히 누웠다. 지쳐있을 노랭이 곁에 행순이라는 친구가 있다는 게 다행이라는 생각이 들었다.

행순이와 노랭이는 절친한 친구사이.
(왼쪽 노랭이 오른쪽이 행순이.)

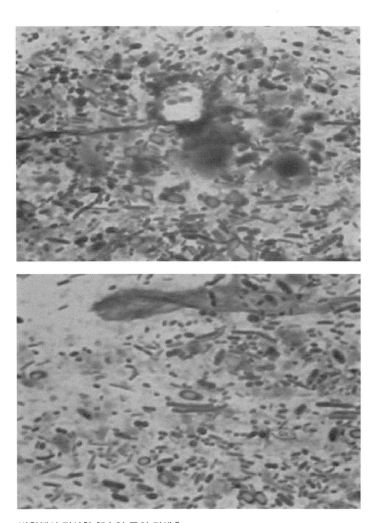

병원에서 검사한 행순이 몸의 기생충.

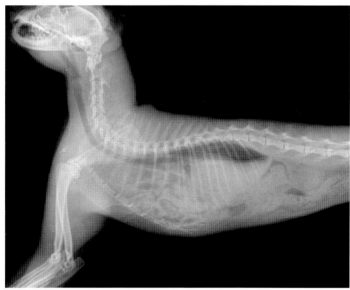

가슴쪽으로 올라간 노랭이의 장기
(아래 X-ray 사진.)
수술을 할 수 없어 안타깝다.

돌아온
반쪽이

반쪽이를 처음 만난 것은 2013년이었다. 얼굴 한쪽이 까맣고 다른 한쪽은 노래 반쪽이라 부르는 길고양이였다. 며칠에 한 번꼴로 서점 앞에 들러 사료를 먹다 홀연히 사라지던 녀석은 서점을 찾아오는 여러 길고양이들과 다를 것 없는 길고양이였다. 눈이 마주치면 반갑고, 오지 않으면 궁금해 하다 어느 순간 잊어버리고 마는 그런 녀석들 중 하나였으니까.

그렇게 기억 속에서 잊혔던 녀석이 나타난 것은 2016년 5월이었다. 오랜만에 만난 반쪽이의 상태는 너무 엉망이었다. 침을 흘리면서 사료를 제대로 먹지 못했다. 어쩌다 입에 넣어도 씹지도 못하고 괴로워하기만 했다. 혹시나 하는 마음에 고양이 캔을 따서 앞에 두었다. 사료보다 단단하지 않아서인지, 그나마 삼키기는 했다.

아무래도 행순이가 앓았던 구내염인 것 같았다. 상태는 행순이보다 더 심각해 보였다. 당장이라도 병원에 가고 싶었지만, 이번에도 금전적인 부분이 걸렸다. 행순이와 노랭이 치료를 하느라 가지고 있던 여유 자금은 몽땅 다 쓴 뒤였다. 아무리 융통할 수 있는 자금을 살펴봐도 없었다. 당장 치료를 해줄 수 없는 상황이 안타까우면서 미안했다. 우선은 반쪽이가 오면 고양이 캔을 준비해서 주는 수밖에는 없었다.

며칠 후 토요일, 광복동 백화점에 여름 이월상품 바지를 사러 서점을 나섰다. 변변한 여름바지가 없어 이월상품이라도 사러 가자는 아내의 성화였다. 마뜩찮았지만 몇 주 동안 벼려온 거라 아내는 고집을 꺾지 않았다. 그렇게 서점을 나서려는데, 반쪽이가 나타났다. 고양이 캔을 꺼내 반쪽이에게 줬다. 녀석은 겨우 새끼손톱만한 조각을 입에 넣더니 고개를 이리저리 돌렸다. 잇몸이 아파 씹지를 못하고 고개를 돌려 넘기려는 것이었다. 기댈 곳을 찾아 아픈 몸을 끌고 왔는데, 병원에 데려가지 못하는 게 마음 아팠다.

우선은 백화점에 다녀오자는 아내의 말에 가기는 했지만, 반쪽이 생각이 머릿속에서 떠나지 않았다. 눈물만 계속 나왔다. 이월바지가 눈에 들어올 리 없었다.

"바지를 산 셈 치고, 이 돈을 반쪽이 치료비에 보태자."

결국 아내에게 입안에서 맴도는 말을 해버렸다. 아내는 눈이 벌게진 나를 보고는 고개를 끄덕였다. 아내에게 미안한 마음이 들었다. 내 낡은 바지가 마음에 걸려 지난 몇 주 동안 고집을 부렸던 아내였다. 이월바지 한 벌 값이 반쪽이 치료비와 맞먹을 리 없다는 것도 알고 있을 아내였다. 그런데도 묵묵히 동의해준 아내가 고마웠다.

서점으로 돌아왔을 때, 반쪽이는 아직도 캔 앞에서 씨름 중이었다. 다음 주에 병원에 데려가려 2층 사무실로 데려갔다. 화장실과 고양이 캔 그리고 물을 두고 퇴근을 했다. 그리고 다음 날 골목 길고양이들의 사료를 챙겨주러 나와서 보니 반쪽이는 여전히 침을 흘리면서 제대로 먹지 못하고 있었다. 빨리 월요일이 오기를 바랐다.

월요일, 병원 가는 차 안에서 반쪽이는 애처롭게도 울어댔다. 입이 다물어지지 않아 침을 흘리면서도 겁이 나는지 우는 것을 그치지 않았다.

"치료하러 가는 거야, 걱정하지 마."

나는 기도하듯 반쪽이에게 중얼거리듯 말했다.

반쪽이는 예상했던 대로 구내염이었다. 그 정도가 심각해 이빨 9개를 발치해야만 했다. 딱딱한 음식은 먹을 수 없게 됐다. 구내염 약 일주일분을 처방받아 왔다. 하루에 두 번은 먹여야 해서, 약 먹는 동안은 서점에서 키우기로 했다. 약을 먹지 않겠다 버둥거리는 녀석에게 억지로라도 약을 먹었다. 그리고 삼겹살, 고양이 캔 그리고 사료를 녀석이 먹기 좋을 정도로 물에 불려 줬다. 규칙적으로 약을 먹고 먹이도 챙겨 주니 침도 덜 흘리고 야위었던 몸도 조금씩 살집이 붙기 시작했다. 사흘 동안 일어난 일이었다. 녀석의 대견한 모습에 나도 덩달아 기분이 좋아졌다. 처방받아 온 약만 먹여도 반쪽이의 상태가 나아지겠다는 희망이 보였다.

병원치료 후 서점 안에서 밥먹는 반쪽이.

가출했다 돌아온 반쪽이의 건강상태가 너무 안좋다.

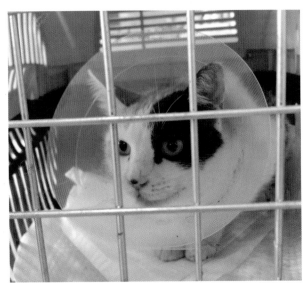

구내염이 심하여 다솜병원으로 가는 반쪽이.

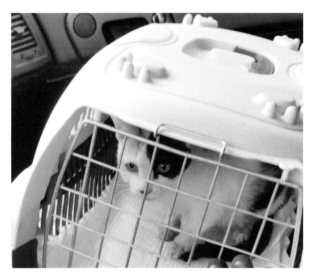

약만 잘 먹으면 반쪽이 모습이 이렇게 좋아지는데...

마음대로
왔다갔다

추석이 다가오고 있었다. 이 시기는 사업적으로 비수기였다. 여기저기 지출할 데가 많은 큰 명절을 앞두고 의학서적을 구매하려는 고객은 그리 많지 않았다. 그와는 별개로 집고양이들과 보살피고 있는 골목 고양이들의 건강은 점점 나아지고 있어 그것을 지켜보는 재미가 쏠쏠했다.

여느 날처럼 행순이와 반쪽이를 서점에 두고 퇴근을 한 다음 날, 두 녀석이 감쪽같이 사라졌다. 반쪽이가 수술한지 나흘째 되는 날이었다. 사방이 막혀 있어 달리 나갈 곳이 없었다. 의심 가는 곳이라면, 서점의 고장 난 유리문이었다. 원래는 자동문이었는데, 건물 문턱이 어그러지면서 아귀가 맞지 않아 몇 년 전부터 수동으로 밀고 당기게끔 조치했었다. 두툼한 유리문이라 아귀에 꽤 많은 힘을 줘야만 열렸다. 대체 셔터 사이를 비집고 들어 문을 열어준 이가 누군지 궁금했다.

2층 사무실로 올라가 CCTV를 돌려봤다. 잠잠하던 서점 문이 열린 건 새벽 2시, 밖이 아니라 안에서 열리고 있었다. 나는 너무 깜짝 놀라 모니터 앞으로 몸을 가까이 했다. 범인은 행순이였다. 행순이가 두 발에 힘을 줘 유리문을 열었다. 그리고는 셔터 문 사이로 유유히 빠져 나갔다. 그 뒤를 반쪽이가 따랐다.

행순이야 밖에서 놀다가도 때가 되면 서점을 찾아 들어오는 아이였다. 하지만 반쪽이는 그렇지 않았다. 반쯤은 바깥으로 고개를 내빼고 있는 녀석이었다. 약을 먹일 때면 버둥거리며 빠져나가려고만 했던 녀석이라 행순이처럼 돌아올지 확신할 수 없었다. 완전히 회복된 게 아니라 더 걱정이었다. 예상했던 대로 행순이는 얼마 후 모습을 보였지만, 반쪽이는 나타나지 않았다. 골목을 돌아다녀봤지만, 찾을 수 없었다. 녀석이 찾아오기를 기다리는 수밖에는 없었다.

사흘이 돼서야 반쪽이는 모습을 보였다. 며칠 동안 약을 먹지 않고 노숙 생활을 한 탓인지, 몸 상태는 다시 엉망이 돼 있었다. 채 다물지 못한 입에서 가래가 줄줄 흘러내렸다. 나는 아내와 함께 반쪽이를 붙잡고 약부터 먹였다. 그동안 제대로 먹지 못했을 텐데도 약을 먹지 않으려 어찌나 버둥거리던지, 식은땀이 다 났다. 약을 다 먹이고 회복이 되는 동안 행순이는 사랑채에서 지내도록 했다. 반쪽이의 탈주를 돕게 할 수 없었다.

약을 먹이고 옆에서 먹는 것까지 챙겨주자 반쪽이도 조금씩 기운을 차리는 듯했다. 서점에서의 생활도 익숙해졌는지 낯설어하지 않고 잘 지냈다. 골목 고양이들과도 친분을 쌓았는데, 어느 순간부터는 노랭이 옆에서 떨어지려 하지 않았다. 친하게 지내는 것은 좋지만, 반쪽이가 아직 중성화수술을 하지 않은 암컷이라는 게 마음에 걸렸다. 반쪽이의 몸이 어느 정도 회복이 됐으니, 중성화수술을 시켜야겠다고 마음먹었다. 그리고 이날, 반쪽이와 짝짓기를 하고 돌아서는 노랭이를 봤다. 얼마간 그 자리에서 뒹굴던 반쪽이가 나와 눈이 마주치자 휙 하니 밖으로 나가버렸다. 그리고 며칠 동안 모습을 보이지 않았다.

추석연휴가 시작되기 전날, 반쪽이가 다시 나타났다. 추적추적 가을비가 내리던 날이었다. 반갑기도 했지만, 몸이 좋지 않은 건지 걱정이 되기도 했다. 혹 임신은 아닐지 조마조마하기도 했다. 우선은 병원에 가서 임신여부부터 확인을 해보기로 했다.

병원에서는 다행히 임신은 아니라고 했다. 그리고 발정기가 지났기 때문에 중성화수술도 가능할 것 같다고 말했다. 수술은 추석 연휴가 끝난 9월 19일 오전으로 예약을 잡고, 구내염 약을 처방받고 돌아왔다.

청송에 있는 고향집은 추석 당일에 갔다 오기로 했다. 예전처럼 명절 전날 갔다 며칠 쉬었다 올 수는 없었다. 골목 고양이들을 챙기면서부터 정해진 일이 돼 버렸다. 모든 생활이 집고양이들과 골목고양이들 중심으로 돌아가다 보니, 아내도 나도 때때로 고단함을 느꼈다. 하지만 단 하루라도 녀석들 돌보는 것을 거를 수 없었다. 배고파하고 있을 녀석들 생각이 머릿속에서 떠나지 않았다. 추석 당일 고향집에 갔다 부산에 오니 자정이 넘어 있었다. 서점에 가서 반쪽이와 행순이, 노랭이 사료를 챙겨주고 있는데, 어디에선가 반달이, 이쁜이, 삼순이 등 골목고양이들이 모습을 나타냈다. 피곤하고 지쳤지만, 그래도 녀석들을 보니 마음이 따뜻해졌다.

그렇게 추석 연휴를 꼬박 서점에서 보내고 나니, 반쪽이 수술 날이 됐다. 평소보다 일찍 출근해 반쪽이를 케이지에 넣고 병원으로 출발했다. 병원에 갈 때면 매번 서럽게 울어대던 녀석이 이번에는 아무 말도 하지 않았다. 반쪽이에게 말을 시켜봤지만 시큰둥 대답이 없다.

반쪽이의 수술은 잘 끝났다. 마취가 풀린 녀석을 서점으로 데리고 오니 저녁 6시가 넘었다. 수술부위가 잘 아물 때까지는 서점에서 보살피기로 했다. 녀석은 수술부위 감염을 예방하려 넥카라를 하고 있었는데, 그것이 답답한 듯 계속 두리번거렸다.

"다 아물면 이거 풀자. 알았지?"

반쪽이는 대답도 않고 고개를 돌렸다. 녀석이 좋아하는 고양이 캔을 앞에 둬도 본 체 만 체 했다. 마음이 상한 모양이었다. 반쪽이가 저를 위하는 내 마음을 알아주기를 바라며 시간을 주기로 했다.

사라진
반쪽이

　반쪽이가 서점 밖을 뛰쳐나간 건 순식간이었다. 바닥을 청소하느라 잠깐 문을 열어두었던 게 화근이었다. 당황한 아내가 어찌할 바를 몰라 했다. 아내의 부주의가 순간 원망스러웠지만, 이내 반쪽이를 단단히 단속하지 못한 게 마음에 더 걸렸다. 나는 서둘러 반쪽이를 뒤쫓아 나갔다.

　반쪽이는 멀리 가지 못하고 공영주차장 사무실 박스 밑에 숨어 있었다. 잡으려 손을 뻗으니 녀석은 잽싸게 높은 담을 넘어 사라졌다. 어디로 갔는지 알 수 없었다. 넥카라를 하고 있는 게 제일 큰 문제였다. 먹는 것도 제약이 있을 테고, 시야가 좁아져 자동차나 오토바이를 피하지 못할 수도 있었다. 걱정스런 마음에 자정이 가까워오도록 골목을 헤맸지만, 녀석의 흔적을 찾을 수는 없었다. 다음 날도, 그 다음 날도 마찬가지였다. 고양이들은 유연성이 좋아 종종 넥카라를 빠져나간다는 말을 믿을 수밖에 없었다.

　반쪽이가 사라진지 일주일 째, 나는 서울 출장을 위해 공항으로 향했다. 어쩌면 반쪽이가 오지 않을까 하는 기대를 품었다. 그간 약을 먹지 않아 앓고 있던 구내염이 더 심해졌을 것 같기도 했고, 그러면 먹이를 제대로 먹지 못해 서점으로 돌아올 것만 같았다. 반쪽이가 잘못됐을지도 모른다는 생각은, 하지 않기로 했다.

반쪽이가 돌아왔다는 아내의 연락이 닿은 것은, 서울 출장을 끝내고 김해 공항에 도착했을 때였다. 다행히 반쪽이는 넥카라를 하지 않고 있다고 했다. 나는 서둘러 서점으로 향했다. 반쪽이는 아내 곁에서 고양이 캔을 먹고 있었다. 녀석을 보고 있자니 고마운 마음이 절로 들었다. 수술 부위는 다행스럽게도 잘 아물고 있었다. 한결 마음이 놓이면서 구내염 약을 먹였다. 꾸준히 챙겨 먹이니 다시 조금씩 상태가 완화돼 갔다. 처음 왔을 때 서점에 살면서 치료를 꾸준히 했다면, 하는 아쉬운 마음이 들기는 하지만, 나가려는 녀석을 무조건 막을 수만은 없었다.

그 뒤에도 반쪽이는 몸이 괜찮아졌다 싶으면 서점을 나가버렸다. 그리고 다시 상태가 엉망이 되면 서점으로 기어들어왔다. 그래도 일주일 남짓 되면 모습을 보이고는 했는데, 한 달 넘도록 나타나지 않자 이곳을 아예 잊어버린 것 같아 섭섭했다. 그리고 그런 마음도 시간이 지나자 조금씩 옅어졌다.

11월 24일 아침, 부산대학교병원에서 고양이 알레르기 치료를 받고 사무실로 돌아왔다. 그때 아내의 호출이 와 1층 서점으로 내려가 보니, 반쪽이가 와 있었다. 새벽에 유리문을 열고 들어와 있었던 모양이었다. 반가운 마음이 들었지만, 참담할 정도로 지저분한 녀석을 보자 말이 나오지 않았다. 우선적으로 들었던 생각은 병원에 가야겠다는 것이었다.

병원에서는 그래도 다행히(?) 구내염 말고 다른 질병은 없다고 했다.

주사를 맞히고 일주일분 약을 처방받아 왔다. 최소한 약을 다 먹을 때까지는 나가지 않기를 바라며, 서점 구석에 화장실과 자그마한 집을 마련해줬다. 그렇게 나흘을 보내자 반쪽이는 기색 좋게 씩씩하게 돌아다녔다. 그리고 그날 밤 반쪽이는 서점을 빠져나갔다. 그 후 다시는 녀석을 볼 수 없었다.

가출했다 아프면 서점으로 돌아와 매번 병원신세를 진다.

행순이와 노랭이는
어디로 갔을까?

2017년 4월 봄. 근처 대학교와 대학병원의 벚꽃이 이제 막 피어날 준비를 하고 있었다. 반쪽이는 그렇게 사라졌지만, 행순이와 노랭이는 서점과 사랑채에서 사이좋게 지냈다. 끝내 수술을 하지 못한 노랭이는 여전히 호흡이 거칠었지만, 곁에서 늘 챙겨주는 행순이가 있어 안정을 찾아갔다.

노랭이가 사라진 것은 4월 중순이었다. 평소에도 외출을 나갔다 돌아오곤 했던 녀석이라 크게 마음 쓰지 않았는데, 하루가 지나도 나타나지 않았다. 형제와 함께 살았던 식당 '석정' 옥상에 올라가봤지만 그곳에도 없었다. 골목 구석구석을 뒤져도 노랭이는 보이지 않았다. 며칠 후 행순이도 없어졌다. 하루 이틀, 한 달이 지나도 돌아오지 않았다. 이곳으로 돌아오지 않을 녀석들이 아니었다. 탈이 나도 단단히 난 게 분명했다. 서점 고양이처럼 지내던 고양이들이 연달아 없어진 데 짐작 가는 한 가지가 있었다.

바로 이웃집 남자였다. 서점 근처에 챙겨놓은 밥그릇을 전부 엎어버리는 사람, 사료와 쥐약을 섞어 모른 척 전봇대 아래 내놓는 사람이기

도 했다. 길고양이가 울어댈 때마다

"고양이들은 다 죽어야 돼."

라는 무시무시한 말을 던지는 사람이기도 했다. 그 남자가 휘두른 몽둥이에 피해를 본 고양이도 여럿, 다봉이도 그중 한 마리였다.

하루는 퇴근하는 척 하며 멀리서 서점 앞 고양이 밥그릇을 지켜본 적이 있었다. 남자는 그 앞에서 하릴없이 서성이며 주위를 살폈다. 밥그릇을 엎으려던 남자 곁으로 다가가 뭐 하는 거냐고 물었다. 남자는 되레 큰소리를 내며 골목 뒤로 사라져버렸다. 허기진 골목 고양이들이 기댈 수 있는 거의 유일한 밥그릇을 못 먹게끔 하려는 마음을 이해할 수 없었다.

먹이를 챙겨주면 길고양이 개체수가 증가한다거나, 쓰레기봉투를 뒤지는 것이 보기 흉하기 때문에 길고양이를 보살피면 안 된다 말하는 사람들이 있다. 이웃집 남자가 길고양이를 싫어하는 이유 중 하나도 쓰레기봉투를 뒤지기 때문이었다. 사실 이런 말을 들을 때면 괜히 무책임한 사람이 된 것 같아 기운이 빠진다. 먹이를 챙겨준다고 해서 여러 위험에 노출돼 있는 길고양이들이 모두 다 성묘로 성장하는 것은 아니었다. 길 위에서의 생활은 우리가 생각하는 것보다 더 살벌하고 매몰찼다. 영역다툼은 길고양이들을 늘 몰아붙였고, 그 와중에 로드킬을 피해야했다. 최근 길고양이의 개체수가 줄지 않고 있는 것은 집고양이의 유기나 가출 등이 만만치 않은 비중을 차지하고 있다.

먹이를 주지 말라 말하는 것은 길고양이들에게 쓰레기봉투를 계속 뒤지도록 방치하는 일이다. 길고양이들이 그렇게 하는 것은 배고픔에 본능적으로 하는 행위일 뿐이기 때문이다. 결국 돌고 돌아 사람의 책임이다.

사람이나 고양이나 지구상에서 태어난 소중한 생명들이다. 무엇보다 이미 많은 길고양이들이 우리 곁에서 함께 지내고 있다. 누차 말하지만 제 나름의 이유로 고양이들을 싫어할 수는 있겠지만, 녀석들을 학대하거나 생명을 해칠 권리는 누구에게도 없다. 지금도 여전히 소식을 알 수 없는 행순이와 노랭이가 그립다. 부디 내가 상상했던 최악의 일은 일어나지 않기를 바라본다. 덧붙여 서점을 찾아오는 여러 마리의 길고양이들을 비롯해서 세상의 모든 길고양이들이 주어진 삶을 마음껏 즐기다 가기를 희망해본다.

이렇게 편하게 잠을 자던 행순이가 왜 안돌아오지?

영원히 돌아오지 않는 행순이가 그립다.

어, 반달이 왔어?

우리 서점에 밥먹으러 오려면 나한테 잘보여라~

밤에 친구들과 놀았더니 피곤해~

별책부록 2

이웃 고양이들

아파트
길고양이들

내가 사는 아파트에는 여러 마리의 길고양이가 생활하고 있다. 다봉이를 보살피면서부터 길고양이 먹이를 챙겨주고 있는데, 어느 덧 7년이 다 돼 간다. 길고양이들을 챙겼던 시간들이 늘 순탄했던 것은 아니었다. 그중 제일 문제가 됐던 것은 이웃 주민들의 반대였다. 길고양이 사료를 주지 말라는 공고가 붙기도 했고, 경비 아저씨가 주민들의 불만 사항을 전달해주기도 했다. 한번은 같은 동에 사는 이웃사람의 거부반응을 직접 눈으로 보기도 했었다. 하지만 나는 차마 길고양이들을 외면할 수 없었다. 허기진 길고양이들이 사료를 찾아 왔을 때, 텅 비어버린 사료그릇을 본 녀석들의 실망과 굶주림을 모른 체 할 수 있는지. 나는 자신이 없었다. 여러 이유로 고양이를 싫어할 수는 있겠지만, 길고양이의 먹이 챙겨주는 것을 막아설 것까지 없었다. 서로 배려하며 살아가면 될 일이다. 길고양이들이 살아가는 데 기본적인 최소한의 사료를 주지 않는다면 길고양이들이 쓰레기봉투를 뜯고 뒤지는 일은 계속될 수밖에 없을 것이다.

길고양이 사료와 물그릇들이 종종 사라지고는 했지만, 나는 고집스레 길고양이를 챙겼다. 혀끝을 차는 이웃 주민이 내게 불만을 토로하기라도 하면, 길고양이들이 그리 나쁜 녀석들이 아니라는 것을 설명하고 또 설명했다. 내 노력이 통했던지 길고양이 민원은 차츰 줄어드는 듯했다. 마음의 부담이 줄어들자 나는 길고양이들을 더 살뜰히 살펴볼 수 있게 됐다.

단이와 단이 새끼들은 사람을 겁내지 않고 만져도 도망갈 생각을 하지 않았다. 단이는 옆 동 주민이 보살피던 길고양이였다. 옆 동에서 배고픔을 해결하다가 내가 퇴근하고 돌아올 시간쯤 되면 현관 입구에서 나를 기다리곤 했다. 녀석이 기다리는 것은 고양이캔이었다. 단이는 캔을 가져올 때까지 고함을 질러댔다. 졸졸 따라오는 녀석에 못 이겨 고양이 캔을 꺼내놓으면, 단이는 할짝할짝 맛있게도 먹어댔다. 단이가 2015년 병으로 죽으면서, 녀석의 영역은 증손자 얼룩이가 이어받았다. 얼룩이도 단이와 다를 바 없었다. 다봉이와 산책하러 나온 나에게 고양이캔을 내놓으라며 고함을 지른다. 당장 어찌할 방법이 없을 땐, 아내에게 전화해 고양이캔을 가져달라 부탁하고는 한다. 고양이캔을 따서 통에 담아주면 알뜰히 핥아 먹는다. 그 모습이 귀여워 먹는 내내 웃음이 나왔다. 고양이캔에 사죽을 못 쓰는 녀석들은 또 있었다. 흰둥이와 반달이 형제였다.

처음 보는 어미고양이와 새끼고양이 두 마리가 나타난 것은 2016년 봄이었다. 어미고양이는 늘 새끼고양이들을 데리고 사료 그릇을 찾았다. 여름이 되고 새끼고양이들이 어느 정도 자라자, 어미고양이는 자취를 감추었다. 새끼고양이들은 어미가 사라진 뒤에도 꾸준히 사료를 먹으러 왔다. 이 새끼고양이들이 흰둥이와 반달이었다. 내내 사료를 잘 먹던 녀석들이 간식으로 준 고양이캔을 먹어보고는 그 뒤로 고양이캔만 찾았다. 내 차 시동 끄는 소리에도 반응을 하며 냉큼 달려오는 녀석들이었다. 모른 척 하려해도 단이와 얼룩이처럼 고함을 질러대는 통에 결국 고양이캔을 줄 수밖에 없었다.

얼마의 시간이 흐른 뒤에 고양이캔을 자주 주면 안 된다는 것을 알았다. 구내염이 생길 수 있다는 것을 알게 된 것이다. 미안한 마음이 들었다. 녀석들에게 더 맛있는 것을 먹이려 한 것이 잘못이라는 걸 알았다. 그 후로는 고양이캔을 줄이면서 사료 양을 조금씩 늘려가고 있다. 고양이캔에 맛들인 녀석들의 입맛을 한꺼번에 바꿀 수는 없는 노릇이었다. 대신 조금씩 식성을 바꾸며 녀석들의 건강을 보다 세심히 살펴보려 한다. 지금도 나를 기다리고 있을 흰둥이와 반달이 그리고 얼룩이가 앞으로도 건강하게 제 수명대로 살게 되기를 바라본다.

역시 궤도 맛있다!……

나도 캔 먹고싶은데...

아파트 울룩이가 새끼와 함께 캔을 먹고 있다.

골목대장
대식이

부산대학교병원 쪽에서 골목 입구로 몇 걸음만 들어오면 '석정'이라는 식당이 있다. 주변의 식당들과 다를 것 없어 보일 수도 있지만, 길고양이들에게는 사정이 조금 다르다. 굶주린 배를 채우려 식당 앞을 기웃거리기라도 할라 치면, 캬옹 하고 날카로운 소리와 함께 덩치 큰 얼룩무늬 고양이가 달려 나와 도망치기 바빴으니까.

이 얼룩무늬 고양이 이름은 대식이, 골목을 주름잡는 길고양이다. 한때 부산대학교 의과대학에서 지내던 녀석이었는데, 의과대학이 경남 양산으로 이전하는 바람에 오갈 데 없어진 녀석을 석정 사장님이 거두었다. 그때부터 석정 고양이가 됐지만, 골목대장 노릇을 그만둘 생각은 없었다. 그래서 식당 벽이나 주차된 자동차 뒤에 숨어 식당 입구를 지켜보다 다른 길고양이들이 다가오면 와락 공격하는 게 대식이의 취미였다. 석정 사장님이 그러지 말라고 타일러도 떡 벌어진 어깨를 거들먹거리며 유유히 사라지고 말 뿐, 크게 달라지지 않았다. 그런 대식이가 무서워하는 게 있었으니, 바로 남자 어른이었다. 그렇게 사납게 울어대던 대식이가 내 앞에서는 그저 순한 고양이가 돼 버린다. 대식이의 바뀐 태도가 달가운 것은 아니다. 그것은 절뚝거리며 걷는 한쪽 다리와도 관련이 있기 때문이다.

대식이는 한쪽 다리가 탈골된 채 몇 년을 지내고 있다. 대식이를 처음 봤을 때부터 절뚝거렸으니, 선천적으로 그런 줄로만 알았었다. 하지만 나중에 알게 된 대식이의 과거는 충격적이었고 무엇보다 슬펐다. 몇 년 전, 이웃 남자가 기다란 나무막대로 대식이를 향해 휘둘렀다고 했다. 집 앞에서 시끄럽게 울어댔기 때문이라고 했다. 생각하지도 못한 날벼락에 후다닥 달아나긴 했지만, 이미 다리는 탈골된 후라고 했다. 한 생명이 다른 생명에게 행사한 무분별한 폭력의 결과라니. 그 사정을 알게 된 후로는 대식이가 마냥 안쓰럽기만 했다.

석정 사장님은 늘 대식이의 탈골된 다리를 치료해주고 싶어 했다. 대식이의 변비가 점점 심해질수록 더 간절해졌다. 대식이의 변비가 탈골된 다리에 힘을 주지 못해 생기는 것이었기 때문이다. 변비의 고통이 심할 때면 병원에 가서 마취를 시키고 장내에 가득 찬 변을 빼내는 게 유일하게 할 수 있는 일이었다. 석정 사장님은 나와 함께 병원에 갔다 돌아오는 길이면 힘없이 늘어진 대식이를 보며 마음 아파했다.

탈골되고 신경이 손상된 대식이의 다리는 수술하기 까다로웠다. 시간이 오래 지난 터라 완치될 확률도 반반이라고 했다. 어려운 만큼 비용도 만만치 않았다. 본인이 뇌수술을 받아 몸이 불편해지고, 지속적으로 치료를 받아야 하는 상태라 대식이의 수술비까지 감당하기에는 현실적으로 쉽지 않았다. 당장 해줄 수 없는 미안함에 석정 사장님은 더 살뜰히 대식이를 보살폈다. 10살쯤 된 대식이가 더는 몸을 움직이기 힘들어하자, 영도에 있는 자신의 집으로 데려갔다.

2017년 2월, 대식이는 석정 사장님 집에서 제 마지막 숨을 내쉬었다. 석정 사장님은 죽은 대식이를 데리고 서점으로 왔다. 나는 슈퍼에서 하얀 창호지를 구입해 대식이를 조심스레 감싸 박스 안에 넣었다. 그리고 부디 좋은 곳에 가서 아무런 장애 없이 행복하게 지내기를 기원했다.

이 일대를 누비며 떵떵거렸던 대식이의 마지막을 생각하면 가슴 한쪽 구석이 아파온다. 대식이의 다리가 탈골되고 변비를 얻어 힘겨운 마지막을 보내게 된 것은, 결국 사람 때문이었다. 대식이가 변비로 고통스러워하던 것을 여러 번 목격했고, 위급해 병원에 데려간 적이 수차례였다. 아무 죄도 없는 생명을 때리고 학대를 하는지 이해할 수 없다. 신경에 거슬린다는 이유로 생명을 해할 권리는 누구에게도 주어지지 않았다.

골목 순찰 나온 대식이

아미동 골목대장, 몸무게 10kg의 대식이.

명수와 아롱이
그리고 행운이

영도에 있는 석정 사장님 집에는 고양이들이 여러 마리 살고 있다. 모두 길에서 만나 인연이 된 고양이들이었다. 그 시작은 2014년 10월 이었다.

여느 때처럼 식당으로 출근하려고 버스를 기다리고 있던 사장님 눈에 들어온 것은 교통사고가 난 어린 길고양이였다. 피투성이가 된 녀석을 그냥 지나칠 수 없어 급한 대로 근처 슈퍼에서 박스를 구해 녀석을 구조해 서점으로 왔다. 박스 안은 피투성이가 된 자그마한 녀석이 겨우 숨만 붙이고 있었는데, 딱 봐도 상태가 심상치 않았다. 나는 석정 사장님과 문현동에 있는 다솜고양이메디컬센터로 서둘러 갔다.

검사를 해보니, 녀석은 한쪽 앞다리가 완전히 골절돼 있었고 얼굴 턱도 깨져 있었다. 상태가 심각해 수술도 여러 번 받아야 할 뿐 아니라, 이 과정을 녀석이 견딜 수 있을지 확신할 수 없다고 했다. 석정 사장님과 나는 우선 녀석을 입원 시키고 수액주사를 놓았다. 나는 녀석의 이름을 목숨 명命, 목숨 수壽, 명수라고 지었다. 굳건하게 오래 살라는 바람에서였다.

216

2014년 10월 16일 우리는 며칠에 한 번씩 명수의 상태를 보러 갔다. 명수가 기운 차리기를 바랐지만, 녀석은 힘없이 겨우 숨만 쉬고 있었다. 이런 상황이 이어지니, 녀석이 목숨 줄을 놓지 않고 있는 것도 고맙게 여겨졌다. 그렇게 명수가 입원한 지 2주 정도 지났을 때, 석정 사장님은 병원 전화를 받았다. 병원에서는 명수가 더는 버틸 수 없을 것 같다고 했다. 석정 사장님은 명수를 보러 가는 길에 울면서 아내에게 전화를 했다. 다음 날은 내가 명수를 보러 병원으로 갔다. 명수는 힘겨워 보였지만, 여전히 버티고 있었다. 나는 그 꼼지락거리는 생명이, 지금처럼 포기하지 않기를 기도하고 또 기도했다.

명수는 3개월 만에 퇴원을 하게 됐다. 몇 번의 수술을 하고 또 곱절의 고비를 겪고 나서였다. 얼굴은 어느 정도 형태를 찾았지만, 한쪽 다리는 결국 절단해야 했다. 그렇지만 살아있다는 것이 감사한 일이었다. 그 후 명수는 석정 사장님 집에서 즐겁게 지내고 있다, 다른 고양이들처럼 활발하게 움직일 수 없어 살이 많이 찌기는 했지만.

요즘은 예방접종을 하러 병원에 데려갈 때만 명수를 보게 된다. 사람 때문에 몸이 상하게 됐지만, 사람으로 인해 새로운 삶을 살게 된 녀석을 보면 감회가 새롭다.

그렇게 명수가 석정 사장님께 구조된 지 일 년여가 지난 2015년 추석, 새끼고양이 한 마리가 석정 사장님 집 앞에서 발견됐다. 혹시나 어미가 있을까 창문 밖으로 한참을 살폈지만, 나타나지 않았다. 점점 기온이 떨어져가는 데다 새끼고양이의 울음소리가 점점 약해지는 것 같아 결국 집안에 들이기로 결정했다.

새끼고양이는 지저분하기는 했지만, 따뜻하게 데운 물수건으로 온몸을 닦아주니 귀여운 얼굴이 드러났다. 석정 사장님은 첫눈에 새끼고양이에게 반했다고 했다. 새끼고양이 이름은 아롱이로 정해졌다. 작은 박스 안에 전기방석을 넣어 자리를 따뜻하게 한 뒤 아롱이를 넣었다. 한참을 추위에 떨었던 아롱이는 포근한 자리가 마음에 들었던지 이내 깊은 잠에 빠졌다. 명수가 그런 아롱이와 석정 사장님을 번갈아보다 기분 좋은 듯 얇게 울었다.

그렇게 석 달이 지났을까, 아롱이가 머리를 자주 흔들며 뒷발로 귀를 찼다. 며칠 동안 계속 같은 행동이 이어지자 석정 사장님은 나에게 병원에 같이 가줄 것을 부탁했다. 석정 사장님의 몸이 불편해 동물병원에 갈 때면 같이 가줄 사람이 필요한데, 식당 근처에 있기도 하고 길고양이 사정도 잘 아는 내가 편하신 듯했다.

검사 결과, 아롱이는 귀안에 가득 진드기가 있었다. 다른 고양이들에게도 옮긴다는 말에 명수를 데리고 와 검사를 하니 역시나 였다. 아롱이와 명수는 나란히 진드기 치료를 받으러 일주일에 세 번씩 병원에 가야 했다. 그렇게 두 달 정도, 병원에 함께 오가다보니 아롱이와도 정이 많이 들었다. 지금은 병원에 갈 때나 얼굴을 볼 수 있는데, 기억하는지 내 손을 낯설어하지 않는다. 아롱이와 명수가 다정한 벗이 돼 지내는 것을 보면 마음 한 편이 따뜻해진다.

그리고 2016년 9월. 또 다른 길고양이가 석정 사장님 품에 들어왔다. 석정 사장님 집 앞에는 낡은 빈집이 있었고, 그곳은 새끼고양이 다섯 마리의 보금자리였다. 어미 없이, 새끼고양이만 있는 게 마음에 걸려 석정 사장님이 매일같이 사료를 챙겨주고는 했었다. 그런 석정사장님에게 그러지 말라고 화를 낸 것은 이웃집 사람들이었다. 고양이는 재수 없다는 게 그들의 이유였다. 납득할 수 없는 변명이었다. 그랬기에 말도 안 되는 행동을 하지는 않을까, 마음 졸이게 됐다고 했다. 그 사람들이 새끼고양이를 향해 돌을 던지는 것을 본 뒤로는 더 불안해졌다.

퇴근을 하고 여느 때처럼 먹이를 챙겨주려 빈집으로 갔을 때, 그곳에는 새끼고양이 다섯 마리 중 한 마리만 남아 있었다. 아무리 기다려도 나머지 녀석들을 나타나지 않았다. 석정 사장님이 내게 연락을 준 것은 이때였다. 다른 녀석들이 해코지를 당한 게 아닐까 걱정이 됐고, 남은 한 마리의 상태가 염려스럽다고 했다. 다음 날, 석정 사장님과 함께 새끼고양이를 구조하기 위해 빈집으로 향했다.

구조된 새끼고양이는 제대로 먹지 못해 마른데다 건강상태도 좋은 편이 아니었다. 병원에서는 영양 공급을 해주면 나아질 거라고 했다. 다행이었다. 더욱 더 운이 좋았던 것은 녀석이 구조되고 며칠 뒤 한반도에 상륙한 태풍 차바를 피할 수 있었다는 점이었다. 그때 구조하지 않았다면 녀석은 저체온증으로 생명이 어떻게 됐을지 장담할 수 없었다. 나는 녀석의 이름을 행운이라 지었다.

행운이는 지금 석정 사장님 집에서 건강하게 잘 지내고 있다. 새끼일 때 굶주렸던 기억이 얼마나 강했던지, 식탐이 있다고 했다. 명수와 아롱이가 그런 행운이와 잘 어울리며 지낸다니 녀석들을 생각하면 기분이 좋아진다.

새끼때 교통사고로 한쪽다리를 잃고
3개월간 입원 했지만, 지금은 건강한 명수.

허약했던 새끼고양이 행운이가
이렇게 귀엽고 튼튼하게 자라났다.

명수, 아롱이, 행운이(위)
행운이(아래)

석정 사장님 마당에서 구조되었던
아기고양이 아롱이.

자유로운 영혼,
오월이

이제껏 내가 경험했던 어미고양이들은 하나같이 모성이 강했다. 얼룩이의 어미 까미와 노랭이의 어미 똑순이가 그랬다. 하지만 고양이들이 늘 그런 것은 아니다. 특히 새끼를 독립을 시킬 때는 매몰차게 떨어뜨리고 돌아서는 경우가 대부분이다. 하지만 이번에 석정 사장님께 맡겨진 녀석은 어미가 독립을 시켰다기보다는 버림받았다고 보는 것이 옳을 듯싶다.

녀석을 데리고 온 것은 석정 사장님 지인이었다. 녀석이 몸이 약해 살 수 없다 여긴 어미가 녀석을 버리고 사라졌다고 했다. 석정 사장님이 길고양이 여럿을 거둬 키운 것을 알고 데리고 온 참이라고 했다. 나는 5월에 만난 녀석의 이름을 오월이라 지었다.

오월이는 너무 어려 고양이 분유를 먹여야 했다. 꾸준히 옆에서 챙겨주자 오월이의 건강도 점점 좋아지는 게 눈에 보였다. 이전에는 먹는 것이 부실했던 모양이었다. 병원에서도 큰 이상은 없다고 했다. 다행이었다. 기운을 내는 것을 보니 마음이 놓였다.

하지만 이리저리 천방지축으로 뛰어다니는 녀석을 식당에서 키우기

엔 무리였다. 고민 끝에 식당 영업 중에는 내 2층 사무실에서 지내게 하기로 했다. 그리고 영업이 마무리된 뒤에는 석정 건물 계단참에서 지내도록 했다. 사무실보다 상대적으로 좁은 계단참에서 지내는 것이 오월이는 영 마음에 차지 않는 모양이었다. 석정 사장님이 데리고 갈 때마다 가기 싫다며 찡찡거리기 일쑤였다. 좁은 계단참에서 지내게 하는 것도, 오월이의 투덜거림도 안타깝기만 해 결국 2층 사무실에서 계속 지내도록 했다.

오월이는 이리저리 뛰어다니며 책상 위에 놓아둔 서류나 펜 따위를 어질러놓고는 모른 척 시치미를 뗐다. 야단을 치려고 해도 배를 보이며 눕거나 머리를 들이미는 녀석을 보면 도저히 그럴 수 없었다. 같이 놀아달라며 컴퓨터 자판기 위에 올라가거나, 퇴근을 하지 못하게 앞다리로 내 바지를 붙들고 늘어지는 녀석을 외면할 자신도 없었다. 1층 서점과 2층 사무실을 호기롭게 오가면서도 늘 나를 찾는 오월이는 사랑스러울 수밖에 없었다.

하지만 고양이 알레르기가 심각해져 더는 함께 할 수 없었다. 석정 사장님과 상의 끝에 오월이는 석정 사장님 집에서 키우기로 했다. 다행히 명수와 아롱이 그리고 행운이와 사이좋게 지내기는 하지만, 다른 녀석들과는 달리 집안에만 있기 답답한 모양이었다. 문을 열어달라고 집안이 떠나가라 소리를 지르다 현관문이 잠깐 열린 사이 탈출을 감행했다고 했다. 두 시간 정도 밖에서 시간을 보내다 온 오월이는 외출하는 데 재미가 들린 모양이었다. 가끔 다른 길고양이들과 싸움을 하고 오는지, 귀에 상처를 입고 온 적도 있다고 했다. 그런 오월이가 걱정스러워 외출을 막아보려 했지만, 그 뒤로도 오월이는 종종 밖에서 시간을 보내고는 했다.

새끼고양이일 때의 그 짧은 기억이 녀석에게 강렬하게 남아 있는 것인지, 반쯤 걸친 길 위의 생활을 즐기는 오월이를 보면 신기하다는 생각이 든다. 그러면서도 길고양이를 잡으려 포획틀을 만들어 놓았다는, 석정 사장님 이웃집의 이야기를 들으면 갑갑한 마음이 든다. 싫어할 수는 있어도, 그 생명을 해할 권리는 누구에게도 주어지지 않았다. 오월이를 비롯한 길고양이들이 본래 주어진 삶을 오롯이 살기를 바랐다, 그것이 우리와 길고양이가 공존할 수 있는 첫걸음이라고 믿으며.

천방지축 활발한 성격의 오월이.

아따~ 병원 깨끗하네!

와~! 좋다!

2편에서 만나볼 새로운 서점 식구 백설이.

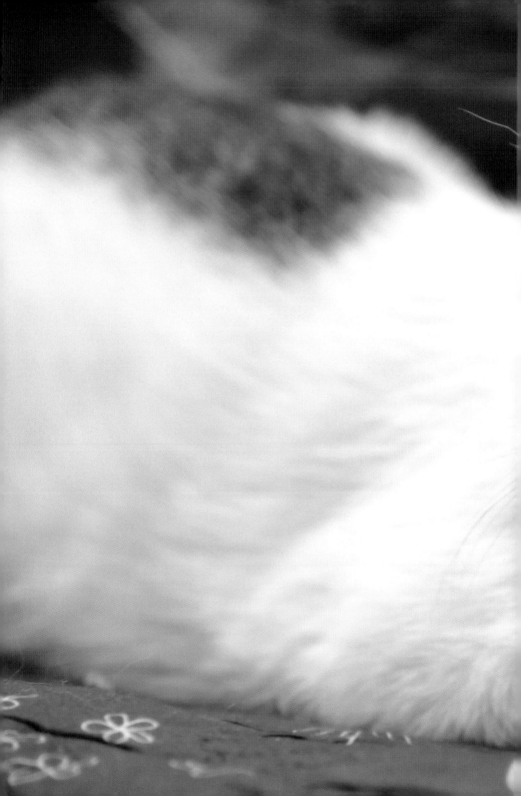

지은이 윤진희

1985년 7월 부산 아미동에 자그마한 의학서적 서점을 열었다.
수입한 해외원서를 판매하다 최근에는 출판도 겸하고 있다.
주위를 돌아볼 겨를 없이 앞만 보고 달려오다가 7년 전,
길고양이 다봉이를 시작으로 골목 길고양이들을 보살피기 시작했다.
입양한 길고양이 네 마리를 포함한 골목 길고양이들과 함께하며
반짝이는 삶의 순간들을 즐기고 있다.

내가 만난 길고양이들 1

다봉이와 새롬이, 까미와 얼룩이

펴낸날   2019년 2월 11일
지은이   윤진희

편집   밀림북 편집부
발행인   윤진희
발행처   밀림북
등록번호   제 2016-000003호

주소   (49241)부산 서구 구덕로185번길 32-15
전화   051)244-0277,1140
Fax   051)246-6215
홈페이지   www.millimbook.com

소규모 건물 짓기 실전공식
윤진희 지음 | 밀림북

경험 없는 예비 건축주의 참고서. 설계에 들어가기 전부터 완공에 이르기까지 소규모 건물 시공의 모든 것!
필수적인 정보를 알면 합리적이고 만족스러운 건물을 지을 수 있다. 하나부터 열까지 상세하게 풀어놓은 시공 과정과 경험담으로, 부실공사 없는 성공적인 건축주가 되는 길을 전하고자 한다.